国际减贫年度报告

—2021—

中国国际扶贫中心　中央财经大学◎编著

中国农业出版社
北　京

《国际减贫年度报告2021》

课题组名单

中国国际扶贫中心

谭卫平　中国国际扶贫中心副主任

李　昕　中国国际扶贫中心副主任

徐丽萍　中国国际扶贫中心副处长

贺胜年　中国国际扶贫中心主任科员

中央财经大学

高菠阳　中央财经大学教授

刘志东　中央财经大学教授

易成栋　中央财经大学教授

欧变玲　中央财经大学副教授

王优容　中央财经大学副教授

其他参与编写人员

张婷婷　胡桢培　刘小奇　陈栩航　卢婉莹　赵　磊

鲁施雨　樊正德　王　婷　曾石安　闫佳琪　罗会琳

摘　要

摆脱贫困、共享发展繁荣一直是人类社会的共同期盼，也是世界各国政府和国际社会长期追求的共同目标和使命。2015年，联合国大会第七十届会议通过了《2030年可持续发展议程》，将"在全世界消除一切形式的贫困"作为首要发展目标，反映了国际社会对全球贫困治理的高度重视。按照世界银行国际贫困标准（每人每天1.9美元标准），全球贫困人口数量已从2010年的11.07亿人减少至2019年的6.66亿人，减贫效果显著。然而，在新冠肺炎疫情等因素冲击下，全球减贫事业面临重大挑战。

中国国际扶贫中心与中央财经大学课题组联合发布《国际减贫年度报告2021》，旨在共享减贫经验，促进国际交流，携手推进国际减贫进程，为全球减贫事业发展贡献力量。研究团队对多个全球减贫相关数据库进行深入研究，从贫困人口、区域减贫进程、减贫议题实施情况等多个维度综合分析了全球减贫进展，梳理了中国减贫实践，并对新冠肺炎疫情影响下的全球减贫前景进行展望。《国际减贫年度报告2021》共涵盖六个章节：

第一章：全球贫困人口的时空变化。分析全球贫困人口及贫困发生率的时空变化趋势与特征。研究发现全球贫困人口数量及贫困发生率逐年下降，不同国家减贫效果差异显著。

第二章：全球主要区域减贫进程。分析全球各区域所处的减贫阶段及减贫模式，并从基础设施、健康、教育等维度综合测度全球各区域发展水平。研究发现全球各区域处于消除贫困的不同阶段，减贫模式呈现多样化特点。

第三章：全球减贫主要议题实施情况。重点讨论营养健康、教育发展、基础设施、气候变化四个议题的实施情况及其与贫困的关系。研究发现全球在营养健康、医疗服务、教育发展、基础设施建设等方面不断改善，但不同国家及不同区域之间改善效果差异显著。

第四章：中国减贫实践为世界提供中国方案。总结中国脱贫攻坚经验以及如何巩固拓展脱贫攻坚成果、全面推进乡村振兴的相关探索，为世界减贫提供中国样本与中国方案。

第五章：新冠肺炎疫情影响下的全球减贫进展。分析新冠肺炎疫情影响下的全球贫困人口变化以及疫情对减贫产生影响的传导路径，并梳理了疫情影响下中国所采取的减贫措施。研究发现新冠肺炎疫情传播使全球极端贫困人口自1998年以来首次增长，全球就业市场受到严重冲击，粮食危机、贫困儿童生存危机凸显，教育风险升高，严重阻碍了全球减贫进程。

第六章：全球减贫发展展望。总结全球减贫可能面临的重大挑战，并从医疗体系、教育保障、基础设施建设、应对气候变化、经济政策制定和深化多边合作等领域提出推进全球减贫进程的建议。

目　录

CONTENTS

第六章 全球减贫发展展望

第一章

全球贫困人口的时空变化

摆脱贫困、共享发展繁荣一直是人类社会的共同期盼，也是世界各国政府和国际社会长期追求的共同目标和使命。2015年，联合国大会第七十届会议通过了《2030年可持续发展议程》，将“在全世界消除一切形式的贫困”作为首要发展目标，反映了国际社会对全球贫困治理的高度重视。本章分析了全球贫困人口及贫困发生率的时空变化趋势与分布特征，并对不同收入水平国家间的减贫效果进行比较。

一、全球贫困人口的时空变化

（一）全球贫困人口数量逐年下降

研究全球贫困问题使用最广泛的是世界银行按照购买力平价计算的国际贫困标准，以及联合国开发计划署与牛津大学发布的多维贫困指数（MPI）。

按照世界银行划分的三个贫困线标准（每人每天1.9美元、3.2美元和5.5美元），全球贫困人口数量总体呈现下降趋势。其中，按1.9美元贫困标准，全球贫困人口规模从2010年的11.07亿人减少至2019年的6.66亿人，下降了39.84%；按3.2美元贫困标准，全球贫困人口规模从2010年的24.43亿人减少至2019年的17.61亿人，下降了27.92%；按5.5美元贫困标准，全球贫困人口规模从2010年的37.24亿人减少至2019年的32.35亿人，下降了13.13%。按照多维贫困指数，全球贫困人口数量从2010年的16.04亿人减少至2019年的8.29亿人，下降了48.32%（图1.1）。

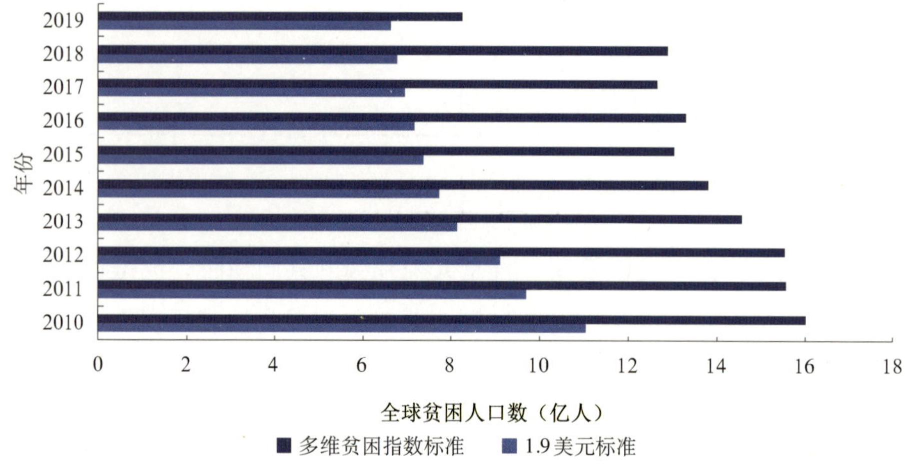

图1.1　世界银行1.9美元标准和多维贫困指数标准下全球贫困人口的数量变化

数据来源：根据世界银行PovcalNet（在线分析工具http://iresearch.worldbank.org/PovcalNet/）和联合国开发计划署*Global Multidimensional Poverty Index*的数据绘制。

专栏1.1　贫困线及多维贫困指数

贫困线（又称贫困标准），是在一定的时间、空间和社会发展阶段下，维持人们的基本生存所必需消费的物品和服务的最低费用。

世界银行2015年10月宣布，按照购买力平价计算，将国际贫困线标准从此前的每人每天生活支出1.25美元上调至1.9美元。

多维贫困指数（MPI）是对人类贫困指数（HPI）和人类发展指数（HDI）的进一步完善，可以反映不同个体或家庭在不同维度上的贫困程度。MPI选取了三个维度测量贫困，总共包括10个维度指标。①健康维度：营养状况、儿童死亡率；②教育维度：儿童入学率、受教育程度；③生活水平维度：饮用水、电、日常生活用燃料、室内空间面积、环境卫生和耐用消费品。其取值越小，说明该个体或家庭贫困程度就越低，相反，则越高。

（二）全球贫困人口空间分布相对集中

基于全球贫困人口数据[①]，1.9美元标准下的贫困人口在2005—2019年主要集中于撒哈拉以南非洲、南亚、东亚与太平洋地区，中东、北非、拉丁美洲、加勒比、欧洲和中亚地区分布较少（图1.2）。2005年，南亚、撒哈拉以南非洲、东亚及太平洋地区的贫困人口占全球贫困人口总数的比例分别为39.20%、28.93%和25.58%。

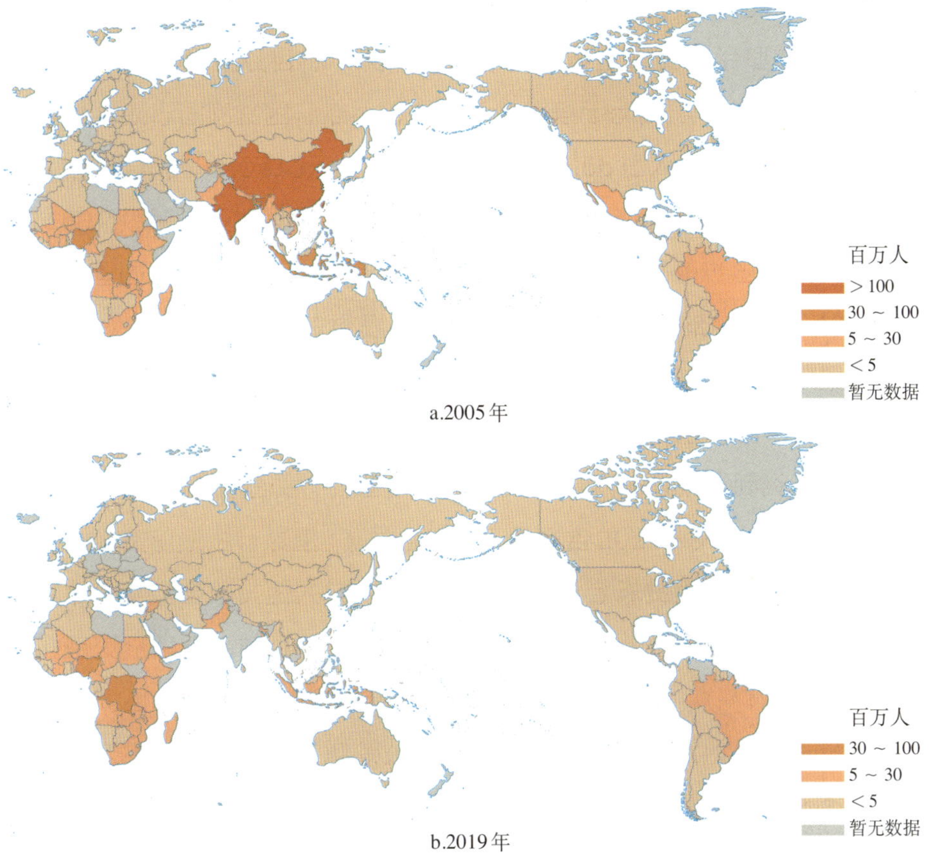

图1.2　世界银行1.9美元标准下全球贫困人口空间分布（2005—2019年）

数据来源：根据世界银行PovcalNet（在线分析工具http://iresearch.worldbank.org/PovcalNet/）的数据绘制。

① 根据世界银行PovcalNet（在线分析工具http://iresearch.worldbank.org/PovcalNet/），采用全球172个国家1.9美元标准下的贫困发生率数据。

2005—2019年，欧洲、中亚、东亚和太平洋地区的贫困人口下降较为明显。其中，欧洲和中亚地区的贫困人口从2 204.28万人减少至1 126.76万人，下降了48.88%；东亚与太平洋地区的贫困人口从34 798.61万人减少至21 211.92万人，下降了39.04%；拉丁美洲和加勒比地区、中东和北非地区以及南亚地区的贫困人口数量分别下降了34.68%、28.60%和20.24%；撒哈拉以南非洲地区的贫困人口数量变化不大。

二、全球贫困发生率的时空变化

（一）全球贫困发生率逐年下降

在世界银行1.9美元标准下，1981—1994年全球贫困发生率基本持平，1981—1988年小幅下降了1.13%，1988—1994年小幅上涨了1.02%；1995—2019年全球贫困发生率降低了13.28%，下降幅度较大，减贫取得明显进展（图1.3）。2010—2019年，全球贫困发生率从16%减少至8.68%，下降了7.32个百分点。其中，2010—2013年下降了4.6个百分点，2013—2017年下降了2.1个百分点，速度有所放缓。2017—2019年，全球贫困发生率仅降低了0.62个百分点（图1.3）。

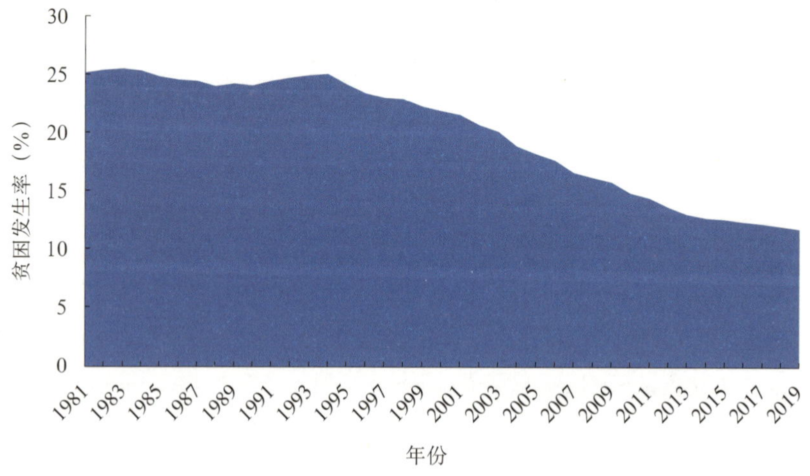

图1.3　世界银行1.9美元标准下全球贫困发生率变化

数据来源：根据世界银行PovcalNet（在线分析工具http://iresearch.worldbank.org/PovcalNet/）的数据绘制。

依据多维贫困指数标准，2010—2019年全球贫困发生率从23.18%减少至10.8%，下降了12.38个百分点[①]。其中，2010—2013年下降了2.8个百分点，相对较缓。2013—2017年下降了3.5个百分点，2017—2019年下降了6.1个百分点，减贫速度显著提升（图1.4）。

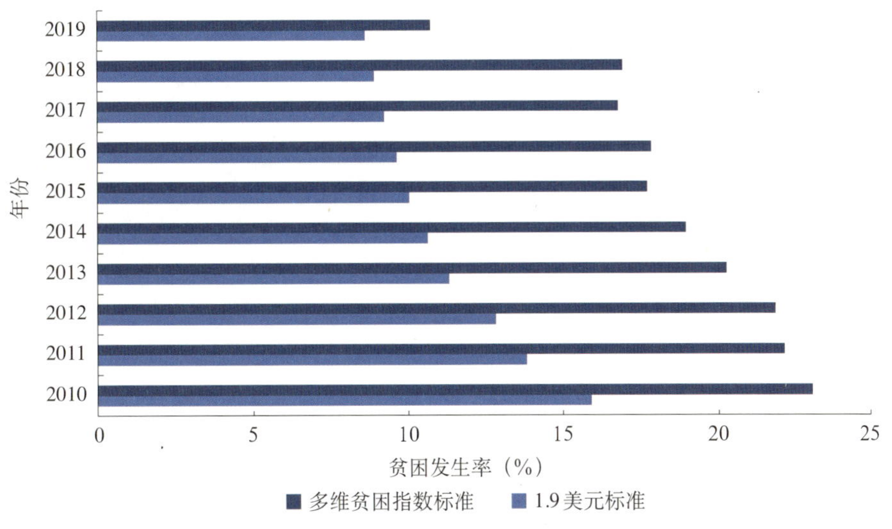

图1.4　不同标准下的全球贫困发生率的变化

数据来源：根据世界银行PovcalNet（在线分析工具http://iresearch.worldbank.org/PovcalNet/）和联合国开发计划署*Global Multidimensional Poverty Index*的数据绘制。2018年和2019年的全球贫困发生率根据世界银行网页计算，http://iresearch.worldbank.org/PovcalNet/povOnDemand.aspx，其余年份使用官方公布数据；MPI标准全球贫困发生率$=\frac{\Sigma P_i \times MPI_i}{\Sigma P_i}$，其中$P_i$为国家$i$的人口数量，$MPI_i$为国家$i$的多维贫困指数。

（二）不同地区贫困发生率变化差异显著

全球各地区贫困发生率变化差异显著。2005—2019年，东亚及太平洋地区的贫困发生率从2005年的18.36%下降到2019年的0.95%，下降了17.41个百分点，减贫效果显著。拉丁美洲和加勒比地区的贫困发生率下降了6.04个百分点，欧洲和中亚地区的贫困发生率下降了3.67个百分点（图1.5）。

① 多维贫困指数从2010年开始编制，故分析2010年之后1.9美元标准下贫困发生率和多维贫困指数的变化情况。

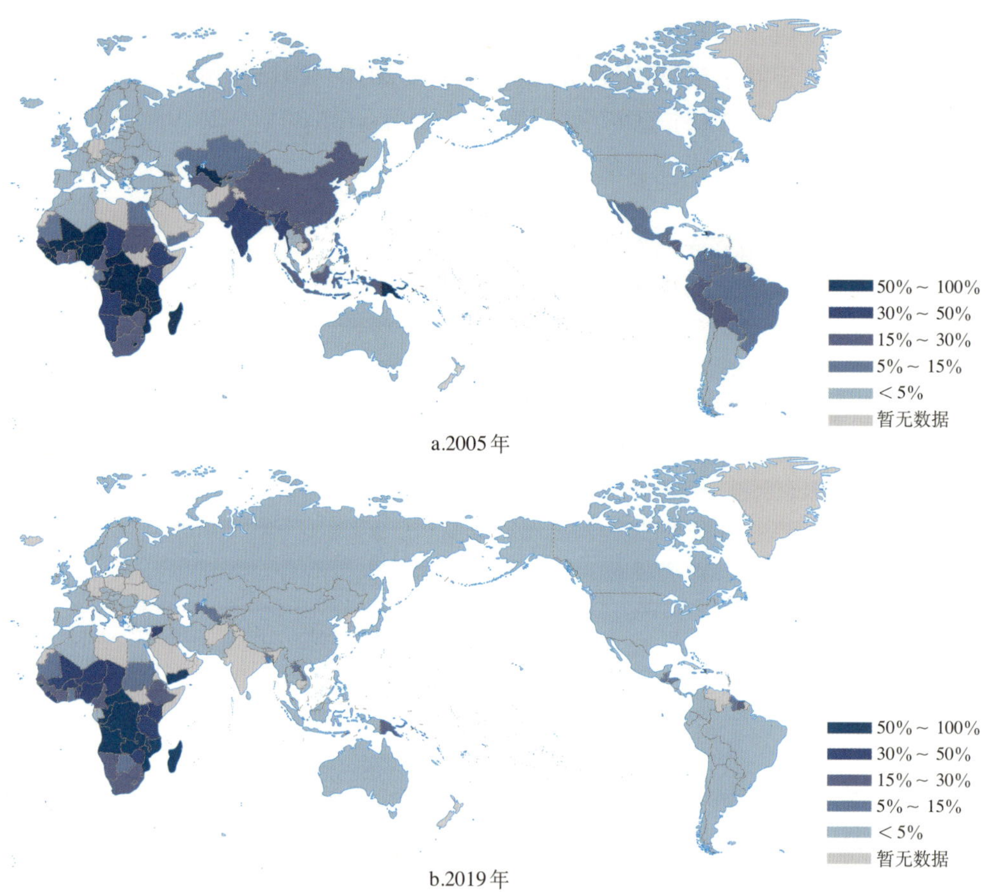

a.2005年

b.2019年

图1.5　世界银行1.9美元标准下全球贫困发生率空间分布（2005—2019年）

数据来源：根据世界银行PovcalNet（在线分析工具http://iresearch.worldbank.org/PovcalNet/）的数据绘制。

三、不同国家减贫效果

（一）不同国家减贫效果差异较大

在世界银行1.9美元标准下，计算各国1981—2019年贫困发生率的变化情况，大部分国家贫困发生率呈下降趋势。其中，缅甸、中国、不丹、尼泊尔和越南分别下降了92.7个百分点、87.9个百分点、76.4个百分点、75.9个百分点和75.7个百分点。

小部分国家贫困发生率有所上升。其中，也门、利比里亚、叙利亚、津巴布韦和安哥拉的贫困发生率分别上升了45.5个百分点、44.5个百分点、31.0个百分点、27.9个百分点和25.5个百分点。

（二）低收入国家减贫效果更加明显

专栏1.2　高收入、中高收入、中低收入和低收入国家的划分标准

世界银行自1987年开始，利用人均国民收入水平对世界各国进行收入分类，以便对不同国家采取不同的贷款措施。根据人均国民收入，当前经济体被分为低收入、中低收入、中高收入和高收入四个收入类别（具体阈值确定标准参见图1.6）。

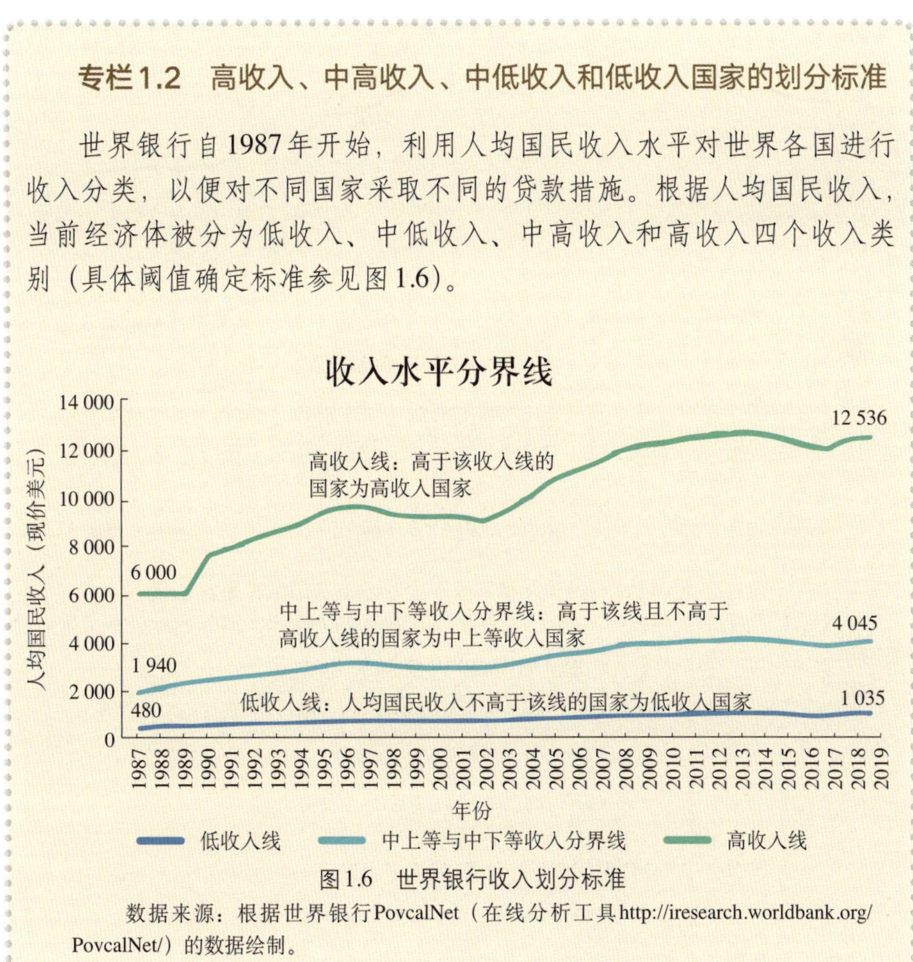

图1.6　世界银行收入划分标准

数据来源：根据世界银行PovcalNet（在线分析工具http://iresearch.worldbank.org/PovcalNet/）的数据绘制。

1981—2019年，收入水平越低的国家，贫困程度越深，贫困发生率下降越显著。其中，高收入国家的贫困发生率一直稳定在低于2%的水平；中高收入和中低收入国家的贫困发生率不断下降，分别从20.34%和

36.05%下降至3.02%和15.46%，下降幅度分别为17.32个百分点和20.59个百分点，中低收入国家下降幅度略高于中高收入国家；低收入国家的贫困发生率从1981年的57.94%上升到1994年的68.75%，达到最高点后下降到2019年的44.34%，减贫效果最为显著（图1.7）。

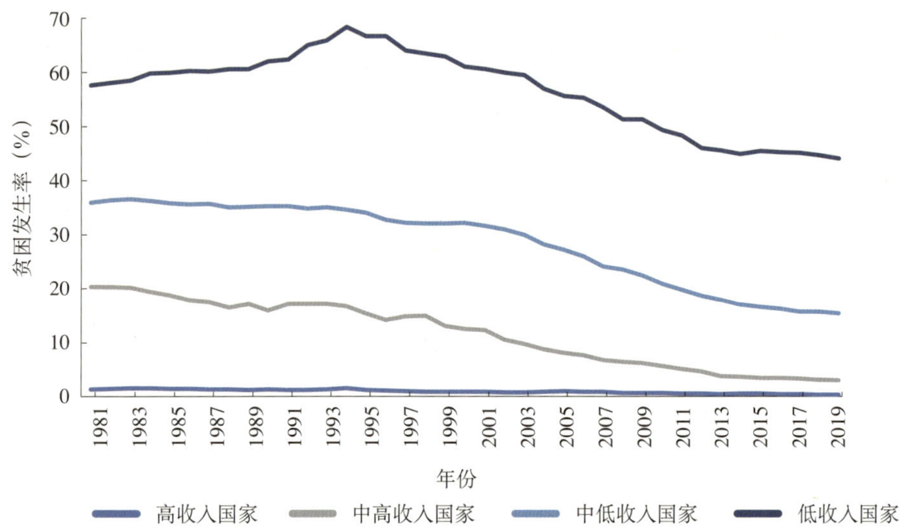

图1.7 世界银行1.9美元标准下不同收入层次国家贫困发生率

数据来源：根据世界银行PovcalNet（在线分析工具http://iresearch.worldbank.org/PovcalNet/）的数据绘制。

第二章

全球主要区域减贫进程

消除极端贫困是全球挑战，也是世界各国长期努力奋斗的目标。过去十年，全球贫困治理取得一定成效，但仍然面临严峻挑战。欠发达国家和地区的贫困人口基数大，减贫能力弱，国际援助不足。发达国家和地区的贫困以相对贫困为主，面临贫困群体结构化、贫困区域不平衡等挑战。2020年，新冠肺炎疫情席卷全球，几乎所有经济体都陷入经济衰退，全球减贫进展面临重重阻碍。

为了掌握全球贫困的最新演变，寻找“因地制宜”的减贫方案，促进疫情和后疫情时代持续减贫，实现《2030年可持续发展议程》设定的减贫目标。本部分参照联合国经济和社会事务部的地理区域分类方法和区域贫困特征，将全球划分成亚洲、非洲、拉丁美洲和加勒比、北美洲、大洋洲、欧洲这六大区域，围绕各区域的社会经济状况、贫困现状、减贫进展以及减贫经验和挑战四个部分展开，为了解全球的贫困现状和减贫进程提供信息支持。

一、亚洲

根据联合国地理区域划分标准，亚洲共有48个国家[①]：阿富汗、阿联酋、阿曼、阿塞拜疆、巴基斯坦、巴勒斯坦、巴林、不丹、朝鲜、东帝汶、菲律宾、格鲁吉亚、哈萨克斯坦、韩国、吉尔吉斯斯坦、柬埔寨、卡塔尔、科威特、老挝、黎巴嫩、马尔代夫、马来西亚、蒙古国、孟加拉国、缅甸、尼泊尔、日本、塞浦路斯、沙特阿拉伯、斯里兰卡、塔吉克斯坦、泰国、土耳其、土库曼斯坦、文莱、乌兹别克斯坦、新加坡、叙利亚、亚美尼亚、

① 联合国经济和社会事务部基于大洲，将全球划分为亚洲、非洲、欧洲、拉丁美洲和加勒比、北美洲、大洋洲等六个地区（https://unstats.un.org/unsd/methodology/m49/），其中位于欧洲和亚洲交界处的塞浦路斯被划分到亚洲。另外，本报告所有国家的中文名称均来自中国外交部。

也门、伊拉克、伊朗、以色列、印度、印度尼西亚、约旦、越南、中国。

（一）亚洲的社会经济状况

良好的社会经济状况能够促进减贫工作的顺利开展，而居民生活水平的提高和贫困人口的减少又对社会经济条件产生影响。本部分从人均国民收入和人类发展水平两方面，分析亚洲国家的社会经济状况。

1.人均国民收入

按世界银行的收入组划分标准，2001—2020年亚洲国家各收入组分布发生较大变化（图2.1），收入水平普遍提高，低收入国家向中低收入和中高收入跃进。2001—2020年，高收入组国家数量变化不大，低收入组国家从2001年的21个减少到2020年的4个，中高收入组国家从2001年的4个增加到2020年的13个。

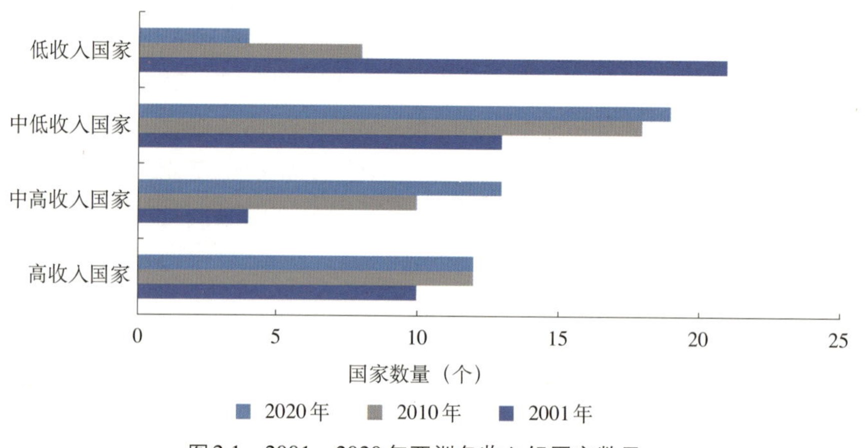

图2.1 2001—2020年亚洲各收入组国家数量

数据来源：根据世界银行（https://datahelpdesk.worldbank.org/knowledgebase/articles/906519）的数据绘制。

依照经济发达程度分类，2020年亚洲48个国家中有12个高收入国家如卡塔尔、新加坡、阿联酋、以色列、日本等，13个中高收入国家如中国、马来西亚、土耳其、哈萨克斯坦、土库曼斯坦等，19个中低收入国家如印度尼西亚、斯里兰卡、巴勒斯坦、蒙古国、菲律宾等，仅有阿富汗、朝鲜、叙利亚和也门这4个低收入国家。亚洲大部分国家已经位列中高收入及以上水平。亚洲国家之间存在巨大差异，如最高人均国民收入（卡塔尔，56 210美元/人）是最低人均国民收入（阿富汗，500美元/人）的112倍，亚洲国家之间经济发展存在较大差异。

2. 人类发展水平

联合国开发计划署提出的人类发展指数（Human Development Index，HDI），将经济指标与社会指标相结合，综合衡量各个国家与地区的发展水平。2019年，新加坡、日本等16个国家处于极高人类发展水平群组，泰国、中国等17个国家位于高人类发展水平群组，伊拉克、塔吉克斯坦等13个国家的人类发展水平中等，阿富汗和也门位于低人类发展水平群组。

分区域来看，东亚地区的人类发展指数最高，南亚地区最低；东亚地区的预期受教育年限最长，南亚最短；中亚地区的平均受教育年限最长，南亚最短；东亚地区的出生时预期寿命最长，中亚最短（图2.2）。其中，东南亚地区除新加坡和马来西亚以外其他9个国家的平均受教育年限均不足10年，东帝汶和柬埔寨的平均受教育年限不足5年；中亚国家的平均受教育年限均大于10年，居亚洲之首；除伊朗和斯里兰卡以外的7个南亚国家的平均受教育年限均小于10年，阿富汗和不丹的平均受教育年限只有3.93年和4.07年。东亚和中亚国家较高的平均受教育年限将可能为该地区经济的持续、快速发展和人民生活水平的提高，提供有力支持。

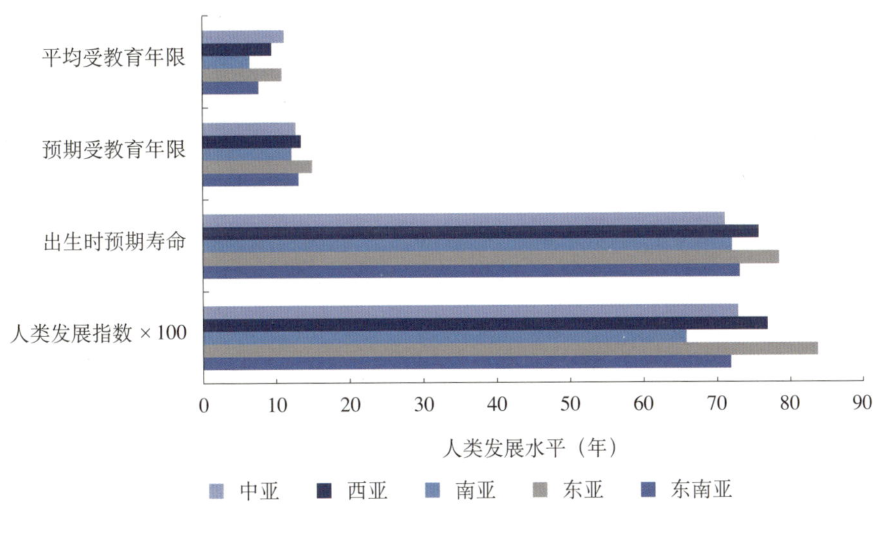

图2.2　2019年亚洲各地区人类发展水平

数据来源：根据《人类发展报告2020》整理得到。

（二）亚洲的贫困现状

1.绝对贫困

《可持续发展报告2021》（*Sustainable Development Report 2021*）对2020年各国家和地区的贫困发生率等指标进行了修正。按照世界银行1.9美元标准，受新冠肺炎疫情影响，亚洲国家贫困状况有不同程度的恶化（表2.1）。2020年，有统计数据的37个亚洲国家的平均贫困发生率为3.67%，比2019年上升了0.82%，贫困人口为1.63亿人，比2019年增加3 729万人[①]。2020年，贫困发生率高于10%的国家有土库曼斯坦、东帝汶和老挝3个，贫困发生率分别为31.47%、29.32%和11.92%；印度、菲律宾等11个国家的贫困发生率在1%～10%；土耳其、哈萨克斯坦等17个中等收入国家的贫困发生率低于1%，其中中国、泰国、马来西亚、阿塞拜疆和不丹的贫困发生率均为0。

表2.1　2020年亚洲中等收入国家的贫困发生率与贫困人口

国家	国家代码	总人口（万人）	贫困发生率（%）	贫困人口（万人）
中高收入国家				
亚美尼亚	ARM	296.3	0.94	2.8
阿塞拜疆	AZE	1 013.9	0.00	0.0
中国	CHN	143 932.4	0.00	0.0
格鲁吉亚	GEO	398.9	3.89	15.5
伊拉克	IRQ	4 022.3	2.05	82.5
约旦	JOR	1 020.3	0.09	0.9
哈萨克斯坦	KAZ	1 877.7	0.01	0.2
黎巴嫩	LBN	682.5	0.16	1.1
马尔代夫	MDV	54.1	0.10	0.1
马来西亚	MYS	3 236.6	0.00	0.0
泰国	THA	6 980.0	0.00	0.0
土库曼斯坦	TKM	603.1	31.47	189.8
土耳其	TUR	8 433.9	0.01	0.8

① 本部分根据*Sustainable Development Report 2021*整理计算得到，包含37个亚洲国家，缺少11个亚洲国家数据。由于新冠肺炎疫情影响范围扩大、程度加深等，*Sustainable Development Report 2021*对*Sustainable Development Report 2020*的2020年相关数据进行较大修正，如在世界银行1.9美元标准下，后者报告的2020年印度的贫困发生率为2.3%，贫困人口为3 174万人，而前者报告的2020年印度的贫困发生率为8.73%，贫困人口为1.20亿人，被低估了0.88亿人。

（续）

国家	国家代码	总人口（万人）	贫困发生率（%）	贫困人口（万人）
中低收入国家				
孟加拉国	BGD	16 468.9	5.94	978.3
不丹	BTN	77.2	0.00	0.0
印度尼西亚	IDN	27 352.4	3.28	897.2
印度	IND	138 000.4	8.73	12 047.4
伊朗	IRN	8 399.3	0.23	19.3
吉尔吉斯斯坦	KGZ	652.4	1.04	6.8
柬埔寨	KHM	1 671.9	0.79	13.2
老挝	LAO	727.6	11.92	86.7
斯里兰卡	LKA	2 141.3	0.43	9.2
缅甸	MMR	5 441.0	0.80	43.5
蒙古国	MNG	327.8	0.24	0.8
尼泊尔	NPL	2 913.7	7.36	214.4
巴基斯坦	PAK	22 089.2	1.93	426.3
菲律宾	PHL	10 958.1	7.86	861.3
塔吉克斯坦	TJK	953.8	1.51	14.4
东帝汶	TLS	131.8	29.32	38.6
乌兹别克斯坦	UZB	3 346.9	4.92	164.7
越南	VNM	9 733.9	0.99	96.4

数据来源：根据*Sustainable Development Report 2021*整理得到。

注：中低收入国家巴勒斯坦的数据缺失。

与2019年相比，2020年31个中等收入国家[①]中有20个国家的贫困发生率上升，贫困发生率上升1%以上的国家有东帝汶（6.84%）、菲律宾（3.63%）、印度（2.39%）、伊拉克（1.23%）；印度贫困人口增加了3 384万人，占2020年新增贫困人口的90.75%，菲律宾和印度尼西亚的贫困人口分别增加了404万人和185万人。令人鼓舞的是，面对新冠肺炎疫情的严峻挑战，2020年中国、孟加拉国、缅甸和越南这4个国家的贫困人口均有不同程度的减少，其中孟加拉国的贫困人口减少了127万人，中国消除了绝对贫困和整体区域贫困[②]。

① 2020年，世界银行1.9美元标准下巴勒斯坦的贫困发生率数据缺失。

② 《人类减贫的中国实践》白皮书中报告，到2020年底，中国如期完成新时代脱贫攻坚目标任务，现行标准下9 899万农村贫困人口全部脱贫，区域性整体贫困得到解决，完成消除绝对贫困的艰巨任务。http://www.mod.gov.cn/regulatory/2021-04/06/content_4882650.htm。

从区域角度来看（图2.3），2020年南亚地区贫困发生率为7.20%，贫困人口约为1.37亿人，占亚洲贫困人口的84.02%，是亚洲贫困人口最多、贫困发生率最高的区域；东亚地区贫困发生率为0.05%，贫困人口占比为0.48%，是亚洲贫困人口最少、贫困发生率最低的区域；东南亚地区贫困发生率较低（3.06%），但贫困人口占比较大（12.53%）；中亚地区贫困发生率较高（5.06%），贫困人口占比较小（2.31%）。

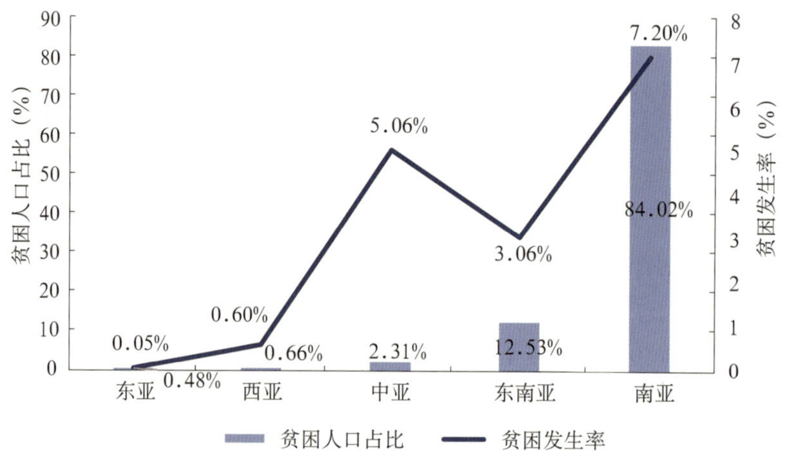

图2.3　2020年亚洲各地区的贫困状况

数据来源：根据*Sustainable Development Report 2021*整理得到。

亚洲国家贫困的主要特点有以下两方面：第一，收入对贫困有重要影响，但不是决定性因素，国家或地区的体制与国家发展目标将从不同层面影响减贫脱贫工作进展。按世界银行1.9美元标准，新加坡、韩国等高收入国家已经消除绝对贫困；中高收入国家中既有贫困发生率较高的国家，如土库曼斯坦，也有贫困发生率为0的国家，如中国、马来西亚、泰国和阿塞拜疆；低收入国家也有贫困发生率极低的情况，如不丹的贫困发生率为0。

第二，贫困脆弱性较强，防止返贫是减贫进程中的又一项重要工作。受新冠肺炎疫情影响，与2019年相比，世界银行1.9美元标准下亚洲国家贫困人口增加了3 729万人，其中印度的贫困人口增加了3 384万人，占亚洲国家新增贫困人口的绝大部分。中国一直是亚洲减贫业绩的重要贡献者，随着中国脱贫攻坚目标顺利实现，亚洲未来的减贫进程将取决于印度、孟加拉国、印度尼西亚、菲律宾、巴基斯坦、尼泊尔等国家[①]。

总体来看，在新冠肺炎疫情的阴霾笼罩下，中国和孟加拉国的经济仍持续增长，贫困人口大幅减少，缅甸和越南的贫困人口小幅减少，然而印度、菲律宾等20个中等收入国家在世界银行1.9美元标准下的贫困人口均有不同程度增加。受新冠肺炎疫情和减贫主力——中国的减贫工作进入新阶段等因素影响，亚洲国家的减贫进程可能放缓。而孟加拉国经济持续快速发展、社会稳定，2010年以来贫困发生率大幅下降，有望成为亚洲减贫的新中坚力量。

2.多维贫困

2015年以来，联合国全球发展议程将消除饥饿、提高健康、教育、性别平等、水与环境卫生条件作为可持续发展的目标，以期多维度提升贫困地区和贫困人口的生活福祉[②]。为更深入了解亚洲国家的贫困现状，本部分从多维贫困角度，分析亚洲中、低收入国家的贫困状况（表2.2）。

表2.2　亚洲中、低收入国家的多维贫困情况

国家	国家代码	年份	MPI	多维贫困发生率（%）	多维贫困深度（%）
中高收入国家					
亚美尼亚	ARM	2015—2016	0.001	0.19	36.21
中国	CHN	2014	0.016	3.89	41.36
格鲁吉亚	GEO	2018	0.001	0.34	36.59
伊拉克	IRQ	2018	0.033	8.64	37.86
约旦	JOR	2017—2018	0.002	0.43	35.39
哈萨克斯坦	KAZ	2015	0.002	0.45	35.56
马尔代夫	MDV	2016—2017	0.003	0.77	34.38
泰国	THA	2015—2016	0.003	0.79	39.10
土库曼斯坦	TKM	2015—2016	0.001	0.40	36.08

① 亚洲37个样本国家中，按照世界银行1.9美元标准，2020年贫困人口数大于100万人的国家为印度、孟加拉国、印度尼西亚、菲律宾、巴基斯坦、尼泊尔、土库曼斯坦和乌兹别克斯坦，贫困人口依次为1.20亿人、978万人、897万人、861万人、426万人、214万人、190万人和165万人，合计占亚洲总贫困人口的96.81%。

② 庄天惠，杨浩，蓝红星，2018. 多维贫困与贫困治理 [M]. 长沙：湖南人民出版社.

（续）

国家	国家代码	年份	MPI	多维贫困发生率（%）	多维贫困深度（%）
中低收入国家					
孟加拉国	BGD	2019	0.104	24.64	42.23
不丹	BTN	2010	0.175	37.34	46.83
印度尼西亚	IDN	2017	0.014	3.62	38.71
印度	IND	2015—2016	0.123	27.91	43.95
吉尔吉斯斯坦	KGZ	2018	0.001	0.39	36.28
柬埔寨	KHM	2014	0.170	37.19	45.81
老挝	LAO	2017	0.108	23.07	46.95
斯里兰卡	LKA	2016	0.011	2.92	38.29
缅甸	MMR	2015—2016	0.176	38.32	45.89
蒙古国	MNG	2018	0.028	7.26	38.75
尼泊尔	NPL	2016	0.148	33.99	43.63
巴基斯坦	PAK	2017—2018	0.198	38.33	51.72
菲律宾	PHL	2017	0.024	5.80	41.84
巴勒斯坦	PSE	2014	0.004	0.96	37.54
塔吉克斯坦	TJK	2017	0.029	7.44	38.96
东帝汶	TLS	2016	0.210	45.82	45.75
越南	VNM	2013—2014	0.019	4.90	39.50
低收入国家					
阿富汗	AFG	2015—2016	0.272	55.91	48.60
叙利亚	SYR	2009	0.029	7.39	38.94
也门	YEM	2013	0.241	47.70	50.47

数据来源：根据*Global Multidimensional Poverty Index 2020*整理得到。

低收入国家中，阿富汗和也门的MPI位居亚洲国家前两位，多维贫困发生率也分别高达55.91%和47.70%；中低收入国家中，孟加拉国、老挝、印度、尼泊尔、柬埔寨、不丹、缅甸、巴基斯坦和东帝汶9个国家的MPI均大于0.1，多维贫困发生率高达23.07%～45.82%，整体上均远高于中高收入国家；中高收入国家中，亚美尼亚、格鲁吉亚和土库曼斯坦的MPI最小（0.001），伊拉克的多维贫困发生率最高（8.64%）。总的来看，亚洲低收入国家和中低收入国家的多维贫困发生率存在较大的组内差异，然而无论是组内还是组外，多维贫困深度的差异并不明显。

（三）亚洲的减贫进展

按照世界银行1.9美元标准，与2019年相比，2020年亚洲37个样本国家的平均贫困发生率上升了0.82%，新增了贫困人口3 729万人，受新冠肺炎疫情影响，亚洲减贫进程受阻。全球以及亚洲国家间减贫进展存在较大差异。下面从贫困发生率、贫困人口变化以及其他与减贫相关的指标变化来综合考察亚洲国家的减贫进展。

1.贫困变化

按照收入群组划分，不同收入群组国家在减贫方面呈现不同的特征。第一，也门、阿富汗、朝鲜和叙利亚等4个低收入国家中，只有也门有少量比较可靠的贫困数据。数据显示，按照世界银行1.9美元标准，2005年和2014年也门的贫困发生率分别为9.40%和18.30%①，贫困发生率升高，由于国家政治、宗教和内乱等问题，据测算，2015—2019年极端贫困发生率分别为39.66%、47.92%、53.43%、54.54%和54.69%②。总的来看，亚洲低收入国家大多国内矛盾较多，缺乏稳定的经济发展环境，减贫工作面临较多挑战。

第二，中低收入国家减贫成绩斐然，与低收入国家形成鲜明对比。按照世界银行1.9美元标准，2020年，17个中低收入国家中不丹、伊朗等9个国家的贫困发生率降至2%以下，基本消除极端贫困；缅甸、乌兹别克斯坦等8个国家贫困发生率的降幅超过30个百分点（图2.4）。

第三，中高收入国家在减贫方面进展显著。按照世界银行1.9美元标准，截至2020年，在13个中高收入的亚洲国家中，除土库曼斯坦、格鲁吉亚和伊拉克外，其余国家的贫困发生率均降至2%以下③，基本消除了绝对贫困。2001—2020年，中国、格鲁吉亚和亚美尼亚的贫困发生率降幅超过10个百分点（图2.5），分别为34.4个百分点、15.15个百分点和13.42个

① 数据来源：世界银行World Development Indicators（WDI）数据库。

② 数据来源：http://iresearch.worldbank.org/PovcalNet/home.aspx。

③ 缺失数据参考PovcalNet（http://iresearch.worldbank.org/PovcalNet/home.aspx）和*Sustainable Development Report 2021*的估算结果。其中，2010—2020年土库曼斯坦的贫困发生率参考*Sustainable Development Report 2021*。

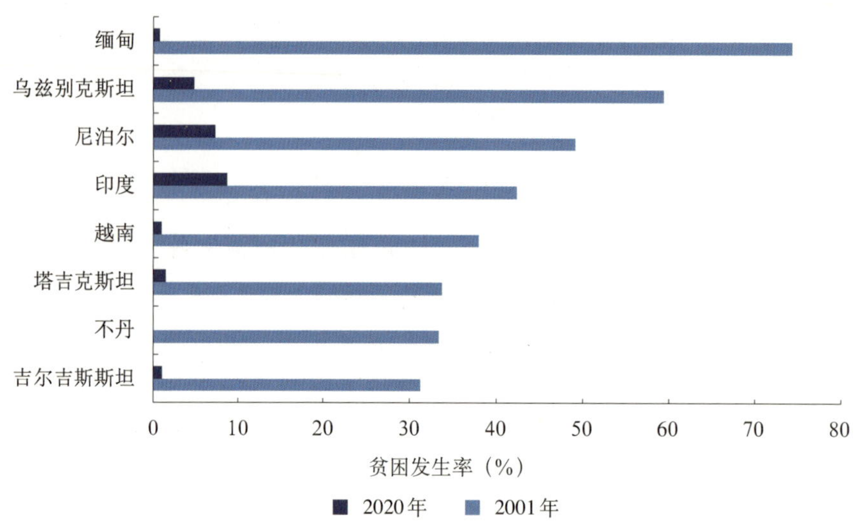

图2.4　2001年和2020年亚洲中低收入国家的贫困发生率

数据来源：根据世界银行PovcalNet（在线分析工具http://iresearch.worldbank.org/PovcalNet/）和*Sustainable Development Report 2021*的数据绘制。

注：2001年数据取自PovcalNet数据库，2020年数据取自*Sustainable Development Report 2021*。

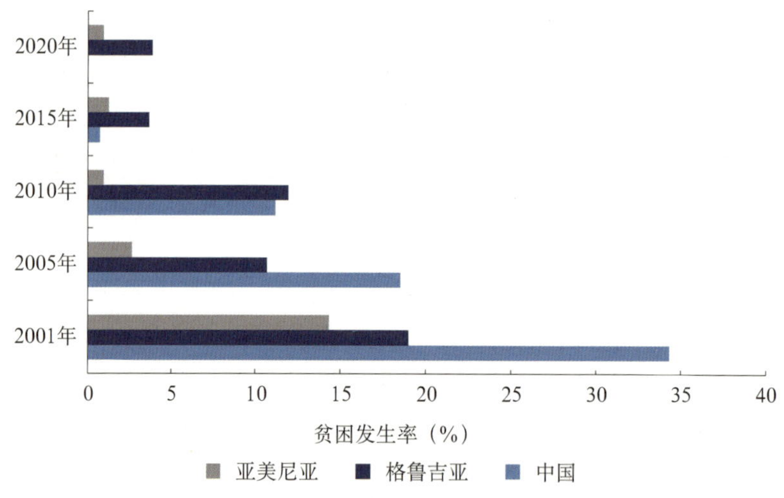

图2.5　2001—2020年亚洲中高收入国家的贫困发生率

数据来源：根据世界银行PovcalNet（在线分析工具http://iresearch.worldbank.org/PovcalNet/）和*Sustainable Development Report 2021*的数据绘制。

注：2001—2019年数据取自PovcalNet数据库，2020年数据取自*Sustainable Development Report 2021*。

百分点。亚洲中高收入国家的主要特点是大部分国家在20世纪90年代或者21世纪初期，贫困发生率已经不是很高，因此贫困发生率下降幅度比亚洲中低收入国家小，中高收入国家的减贫阶段趋向高收入国家。

第四，自2001年以来，卡塔尔、新加坡等12个亚洲高收入国家的经济基础和基础设施好，教育、健康和卫生服务完善，贫困发生率极低，进入致力于缓解相对贫困的阶段。

2.与减贫相关的进展

贫困不仅包括绝对贫困，而且内涵丰富。广义的减贫不仅是贫困人口的减少，而且是人民摆脱贫困能力的提高，这与一国的经济社会发展密切相关。基础设施、卫生、健康、教育等领域的人类发展指标既可以反映减贫的进展，又能在一定程度上预测未来减贫进展和挑战。

第一，饮用水、电和基本卫生服务等对减少贫困、提高人们的福祉具有重要作用。2001—2019年亚洲国家在这些方面取得长足进步，但是进展程度存在差异（表2.3）。

表2.3　2001—2019年亚洲中、低收入国家的基础设施和服务进展

单位：%

国家	国家代码	基本饮用水覆盖率		用电人口比率		基本卫生服务覆盖率	
		2001年	2017年	2001年	2019年	2001年	2017年
中高收入国家							
亚美尼亚	ARM	95.42	99.91	100.00	100.00	87.28	93.64
阿塞拜疆	AZE	74.82	91.39	98.62	100.00	64.79	92.51
中国	CHN	80.73	92.85	97.21	100.00	56.90	84.76
格鲁吉亚	GEO	93.20	98.39	—	100.00	94.71	90.02
伊拉克	IRQ	81.48	96.53	—	100.00	71.47	94.12
约旦	JOR	99.36	98.94	98.94	100.00	98.46	97.34
哈萨克斯坦	KAZ	84.94	95.63	99.65	100.00	96.80	97.87
黎巴嫩	LBN	85.85	92.60	—	100.00	75.06	98.48
马尔代夫	MDV	93.02	99.26	87.52	100.00	75.70	99.37
马来西亚	MYS	97.42	96.70	—	100.00	97.02	99.57
泰国	THA	94.07	99.93	90.45	99.90	92.37	98.75

（续）

国家	国家代码	基本饮用水覆盖率		用电人口比率		基本卫生服务覆盖率	
		2001年	2017年	2001年	2019年	2001年	2017年
土库曼斯坦	TKM	87.74	98.81	99.72	99.90	92.89	98.70
土耳其	TUR	95.54	98.88	—	100.00	82.06	97.30
中低收入国家							
孟加拉国	BGD	95.39	97.02	35.11	92.20	26.97	48.23
不丹	BTN	83.94	97.23	40.09	100.00	50.11	69.25
印度尼西亚	IDN	76.61	89.34	86.26	98.85	42.96	73.13
印度	IND	79.54	92.67	55.80	97.82	18.78	59.54
伊朗	IRN	95.00	95.24	98.12	100.00	87.34	88.42
吉尔吉斯斯坦	KGZ	80.60	87.46	99.57	99.88	92.49	96.51
柬埔寨	KHM	53.86	78.51	15.44	93.00	12.59	59.23
老挝	LAO	48.82	82.06	45.28	100.00	31.31	74.46
斯里兰卡	LKA	80.16	89.42	63.60	100.00	85.26	95.78
缅甸	MMR	48.31	81.77	—	68.36	70.50	64.33
蒙古国	MNG	63.36	83.31	71.71	99.13	48.63	58.48
尼泊尔	NPL	80.59	88.81	24.60	89.90	17.49	62.05
巴基斯坦	PAK	86.06	91.47	70.43	73.91	33.24	59.87
菲律宾	PHL	85.94	93.57	75.74	95.63	62.53	76.53
巴勒斯坦	PSE	91.11	96.83	98.77	100.00	90.25	96.94
塔吉克斯坦	TJK	57.32	81.20	98.62	99.64	90.04	97.02
东帝汶	TLS	50.62	78.34	25.60	94.72	—	53.52
乌兹别克斯坦	UZB	86.17	97.83	99.62	100.00	93.29	100.00
越南	VNM	81.03	94.72	88.61	99.40	54.24	83.52
低收入国家							
阿富汗	AFG	27.80	67.06	—	97.70	23.52	43.42
朝鲜	PRK	99.30	94.51	—	49.37	—	83.16
叙利亚	SYR	95.03	97.22	—	89.32	92.78	91.22
也门	YEM	38.09	63.47	50.36	72.75	42.41	59.05

数据来源：根据世界银行World Development Indicators的数据（更新时间：2021年7月）整理。

在使用基本饮用水的人口占比方面，2017年，所有高收入国家、中高收入国家都超过90%，绝大多数国家超过95%，大部分中低收入和低收入国家的基本饮用水覆盖率在90%左右。柬埔寨和东帝汶的基本饮用水覆盖率不足80%，阿富汗和也门的基本饮用水覆盖率不足70%。电在现代生产生活中不可缺少，将近90%的亚洲国家的用电人口占比超过90%，大部分接近100%。2001—2019年，柬埔寨、东帝汶、尼泊尔、不丹、孟加拉国、老挝、印度等国家的用电人口占比大幅提升。然而，2019年缅甸和朝鲜的用电人口占比不足70%，还有较大提升空间。优质的基本卫生服务是居民健康的良好保障。亚洲高收入国家基本卫生服务基础好，2017年已实现了基本卫生服务的全面覆盖；亚洲中高收入国家的基本卫生服务也取得长足进步，如中国、阿塞拜疆、马尔代夫、黎巴嫩和伊拉克的基本卫生服务覆盖率增幅超过20个百分点；亚洲中低收入国家的基本卫生服务仍有较大提升空间，其中孟加拉国、东帝汶、蒙古国、柬埔寨、印度和巴基斯坦的基本卫生服务覆盖率不足60%；亚洲低收入国家中朝鲜和叙利亚的基本卫生服务覆盖率超过80%，而阿富汗和也门的基本卫生服务覆盖率仅为43.42%和59.05%。

第二，接种疫苗是预防控制传染病最有效的手段。从麻疹、百白破和乙肝疫苗接种进展来看，亚洲绝大多数国家的接种率都达到90%以上。2019年，高收入组国家的疫苗接种率均在90%以上；中高收入组中除伊拉克、约旦和黎巴嫩以外的10个国家的疫苗接种率都超过90%；中低收入组中大部分国家疫苗接种率有较大提升，如孟加拉国、不丹和印度等，然而巴基斯坦和菲律宾的疫苗接种工作有待进一步加强，截至2019年，这三种疫苗的接种率均不足80%。

第三，孕产妇死亡率的降低和营养不良率的下降既是千年目标，也是2030年可持续发展目标。这些指标既受经济条件影响，又影响当前和未来的国民体质。2001—2019年，亚洲国家在孕产妇和儿童健康方面取得显著进展。2019年，亚洲高收入和中高收入国家的孕产妇死亡率较低。2001—2019年，亚洲中低收入和低收入国家的孕产妇死亡率大幅下降。

亚洲国家在5岁以下儿童死亡率指标方面也有较大进展，尤其是中、低收入国家。2019年，48个亚洲国家中仅有7个国家的5岁以下儿童死亡率高于全球平均水平。其中，每1 000名活产婴儿中5岁以下儿童死亡率下降幅度超过30名的国家包括中高收入国家阿塞拜疆，孟加拉国、不丹等12个中低收入国家，以及也门、朝鲜和阿富汗3个低收入国家。5岁以下儿童死亡人数中，与营养不良有关的约占45%，主要发生在中低收入国家[①]。2001—2018年，除沙特阿拉伯、塞浦路斯和阿曼略高外，其他高收入国家的营养不良率均维持在极低水平。2001年以来，中高收入国家中，亚美尼亚、阿塞拜疆、中国的营养不良率大幅下降，2018年均低于3%；中低收入国家中缅甸、尼泊尔、乌兹别克斯坦、越南、东帝汶和印度尼西亚的营养不良率降幅超过10%，但除乌兹别克斯坦和伊朗以外，其他国家的营养不良率仍高于5%，塔吉克斯坦和东帝汶分别高达30.9%和21.3%。

第四，治贫先治愚，扶贫必扶智，教育是减贫的一个重要路径。亚洲各国在小学入学率、初等教育完成率和青年识字率方面取得普遍进展。2001—2019年，亚洲中低收入国家的小学入学率大幅提高，如阿富汗、巴基斯坦、不丹、缅甸、吉尔吉斯斯坦和阿曼的增幅分别为83.12%、23.54%、21.51%、15.18%、11.34%和10.37%。2019年，除约旦和朝鲜以外，其他有统计数据的亚洲国家的小学入学率均超过90%[②]。然而，2019年巴基斯坦、阿富汗、柬埔寨和约旦的初等教育完成率不足60%。

第五，随着信息和通信技术的发展，互联网的普及为人们的生产和生活带来诸多便利，在新冠肺炎疫情中对保证复工复产起到重要作用，然而亚洲各国的互联网上网人口、固定宽带和移动宽带使用人口存在巨大差异。2001—2018年，亚洲高收入和中高收入国家互联网使用人口增加较多。2018年，亚洲高收入国家中，除塞浦路斯、以色列和阿曼以外，其他国家的互联网使用人口占比均超过85%；亚洲中高收入国家中，除土库曼斯坦以外，其他国家的互联网使用人口占比均超过54%；而中低收入和低收入国家中，只有菲律宾、乌兹别克斯坦、越南和巴勒斯坦的互联网覆盖率超过50%，印度、缅甸、巴基斯坦和塔吉克斯坦的互联网使用人口占比约为20%。虽然中低收入国家的宽带用户数持续增长，但是与发达国家相比仍有较大差距。其中，2019年亚洲宽带用户数占居民总数的比例超过30%的国家仅有韩国（42.76%）、塞浦路斯（37.79%）、日本（33.5%）、阿联酋（31.17%）和中国（31.34%）。

① https://www.who.int/zh/news-room/fact-sheets/detail/malnutrition。

② 阿联酋、伊拉克、黎巴嫩、土库曼斯坦、也门等国家数据缺失。

（四）亚洲的减贫经验与挑战

2020年全球近半数新增贫困人口集中在南亚地区。尽管面临重重挑战，亚洲仍是对全球减贫贡献最大的地区。伴随着巨大经济增长，亚洲发展中国家的经济社会转型从根本上改变了全球经济和贫困治理的格局。在国家发展与减贫方面，一些共性的宝贵经验值得分享。

1.亚洲的减贫经验

（1）和平与发展是减贫的前提。和平的环境有利于发展与减贫。战争带来难民问题，难民又对其邻国的经济与社会发展带来冲击。战争与冲突，不利于发展与减贫，和平的环境是发展与减贫的最基本的外部环境。

发展是解决贫困问题的第一要义。亚洲国家的共同经验表明，政治稳定、经济发展是减少贫困的重要基础，中国是亚洲减贫的最大贡献者。亚洲国家减贫最重要的经验在于，走符合各自国情的发展道路，通过强有力的机制将各方面的资源有机地结合，不断在发展中缓解和消除贫困，这是许多亚洲国家减贫的基本模式。在发展的早期，一般不进行大规模的现金转移和福利分配，而主要依靠经济增长带动减贫。全部门益贫增长是减贫效率较高的一种模式，中国的减贫工作主要基于这种模式。除中国以外，亚洲的发达国家和一些发展中国家也都不同程度地采用了这一模式，如韩国的工业化过程也具有明显的全部门益贫增长特征。

（2）人力资本、社会资本是发展与减贫的根本。经济发展落后和收入水平低下的主要原因在于资本缺乏。人力资本理论方面的研究一致认为贫困的主要根源在于人力资本投资不足。贫困产生的本质原因是教育、技能、健康等人力资本的缺乏。人力资本被认为是农户脱贫的重要因素，但是人力资本能否充分发挥作用还取决于其所处的社会环境。社会资本即社会网络、组织及信任。社会资本可以通过减少交易成本，促进合作来减轻农村贫困，改善贫困户的福利。贫困农户要在不断提高自身人力资本的基础上，积极运用各种方式积累社会资本，只有这样，才能成功脱贫。

纵观亚洲国家的经济发展，决定人均国民生产总值差异的主要因素是劳动力、人均人力资本和物质资本，无论一个国家增加贸易或开放经济的程度如何，如果无法通过这些政策改善其人力资本和生产技术，从长远来看，都不会繁荣。

企业扶贫、创业扶贫都是反映企业家精神的人力资本的积累与发挥作用的过程。通过言传身教或者让被帮扶对象通过“干中学”帮助当地民众提高人力资本。提高人力资本的途径除了教育和培训以外还有很多，中国的精准扶贫中所倡导的“扶贫先扶智”，就是开发当地人力资本的一条有效途径。依托产业链或者电商渠道形成一个巨大的社会网络，这使得人力资本转化成了巨大的社会资本，在减贫中发挥着巨大的作用，同时企业也得到了发展。例如，贫困地区农户对市场信息不灵通、对市场反应不敏感，导致产品滞销。而中国以经营农产品起家的电商企业“拼多多”，通过举办农货节等方式，直接把农户推向了市场。在中国，这种电商扶贫手段极大缩短了农户与市场的距离，发挥出良好的社会效益。

（3）产业发展与创造就业是减贫的直接驱动力。产业发展直接促进就业，进而促进减贫。产业发展创造的就业和公共服务的供给具有直接的减贫效果。在贫穷国家，农业生产率的提高通常比工业或服务业生产率的提高具有更大的减贫效果。在低收入和中等收入国家，小农户的农业生产和收入的快速增长是减少农村贫困的主要手段。工业化直接促进经济增长与减贫。过去三十年，东亚发展中国家实现了经济的快速增长和减贫。这些国家采用了一种基于积极利用全球价值链的经济模式，并得到了大量劳动力资源的支持。劳动力过剩的存在以及劳动力从农村部门到城市部门的顺利流动，使生活水平得到提高。大多数亚洲国家的第三产业增长率高于国内生产总值增长率。在高度工业化的状态下，工业和农业容纳的劳动力几近饱和，而服务业尤其是现代服务业的发展成为新的经济增长点，如菲律宾的国际呼叫中心，中国的快递产业、大数据产业的发展等，直接促进就业和减贫。

（4）经济全球化带动亚洲地区减贫进程。过去几十年的全球化在亚洲地区形成了经济发展的驱动力。发达国家在亚洲地区的投资，以日本和韩国最为明显，其投资大多集中在劳动密集型产业。过去几十年中国经济的迅速增长，成为亚洲地区最活跃的经济增长引擎，中国对亚洲国家的投资更加接近亚洲国家的实际，直接带动了亚洲国家的经济增长与减贫进程。在此背景下，亚洲的减贫模式呈现出以外部投资带动的特征。越南、孟加拉国、印度、柬埔寨、印度尼西亚、菲律宾等国家都采用了该减贫模式。

（5）重视发挥公共转移支付的减贫效用。教育和健康等领域的公共服务对于一个国家的长远发展具有关键作用，这种服务的提供既是人力资本投资，同时也属于社会福利转移的范畴。进入21世纪，亚洲国家的减贫表现出一些共同的趋势，越来越多地采取福利转移的政策措施。中国等很多亚洲国家都在调整发展理念，将经济发展成果更多转化为国民福利。

亚洲国家在实现经济的快速增长和显著的减贫过程中，在很多情况下都会使用公共转移支付。公共转移支付是缩小收入差距、减少贫困的有效工具，对贫困人口和低收入人群的基本经济福利具有保障作用，是中国政府长期采用的重要扶贫措施。越南、印度、孟加拉国等国家的减贫工作，也都采用了大量的公共转移支付。

2.亚洲的减贫挑战

新冠肺炎疫情成为影响亚洲各国贫困变化的最直接因素。在新冠肺炎疫情的冲击下，收入不平等进一步加剧，全球贫困人口预计将出现自1998年以来的首次回升。由于亚洲地区经济社会正处于快速转型过程中，无论是基础设施、公共服务还是应急管理能力都尚有进步空间，弱势群体尤其容易受到公共安全事件的负面影响。亚洲减贫面临着一些不可控因素的挑战。

亚洲国家在减贫领域出现分化，且贫困集中的现象明显，大量贫困人口主要集中在印度、孟加拉国、印度尼西亚和菲律宾等国家。南亚和东南亚地区是多维度贫困高发地区，实现2030年可持续发展目标的减贫目标——消除一切形式的贫困，存在挑战。

青年失业问题、食物短缺以及基础设施与服务是目前亚洲国家减贫面临的3个关键性挑战。高失业率是危及人民生活水平提高和未来减贫的一大障碍。目前，亚洲尚有亚美尼亚、叙利亚、约旦、也门、伊朗、格鲁吉亚、土耳其和塔吉克斯坦8个国家的失业率超过10%。尼泊尔和阿富汗是粮食短缺问题最严重的两个国家，营养不良人口高度集中。《2020年世界粮食安全和营养不良状况报告》显示，亚洲是饥饿和营养不良人口最多的地区（3.81亿人）。基础设施方面，各国面临的挑战不尽相同。例如，巴基斯坦的初等教育完成率不足50%，2017年阿富汗和也门的基本用水人口占比不足70%，2019年朝鲜的用电人口占比仅为49.37%，2017年孟加拉国和阿富汗的基本卫生服务覆盖率不足50%。

全球减贫步伐放缓，亚洲国家改善民生、消除贫困的任务依然艰巨，倡导加强双边和多边框架内的减贫等领域合作，通过迈向亚洲命运共同体，推动建设人类命运共同体。寻找促进亚洲国家整体发展的“药方”难度极大，应加强创新性合作和创新性实验与示范，包括将现代科技方法（大数据、地理信息系统、多元决策系统等）应用于减贫合作。

二、非洲

根据联合国地理区域划分标准，非洲国家共有54个：阿尔及利亚、埃及、埃塞俄比亚、安哥拉、贝宁、博茨瓦纳、布基纳法索、布隆迪、赤道几内亚、多哥、厄立特里亚、佛得角、冈比亚、刚果（布）、刚果（金）、吉布提、几内亚、几内亚比绍、加纳、加蓬、津巴布韦、喀麦隆、科摩罗、科特迪瓦、肯尼亚、莱索托、利比里亚、利比亚、卢旺达、马达加斯加、马拉维、马里、毛里求斯、毛里塔尼亚、摩洛哥、莫桑比克、纳米比亚、南非、南苏丹、尼日尔、尼日利亚、塞拉利昂、塞内加尔、塞舌尔、圣多美和普林西比、斯威士兰、苏丹、索马里、坦桑尼亚、突尼斯、乌干达、赞比亚、乍得、中非。

（一）非洲的社会经济状况

1.人均国民收入

根据世界银行的分类标准，2001—2020年非洲的低收入国家逐渐向中低收入国家转化，但是非洲的中高收入国家以及高收入国家数量仍然较少，大部分国家仍处于低收入以及中低收入水平（图2.6）。其中，2020年，非洲有23个低收入国家、23个中低收入国家、7个中高收入国家和1个高收入国家。2020年毛里求斯从高收入国家降为中高收入国家，除此之外非洲其他国家的收入分组情况并没有发生变动，非洲国家的收入变动幅度较小。同时，非洲各国之间的贫富差距较大，2020年非洲国家人均国民收入最高值（塞舌尔，12 720美元/人）是最低值（布隆迪，270美元/人）的47倍，非洲国家经济水平差异较大。

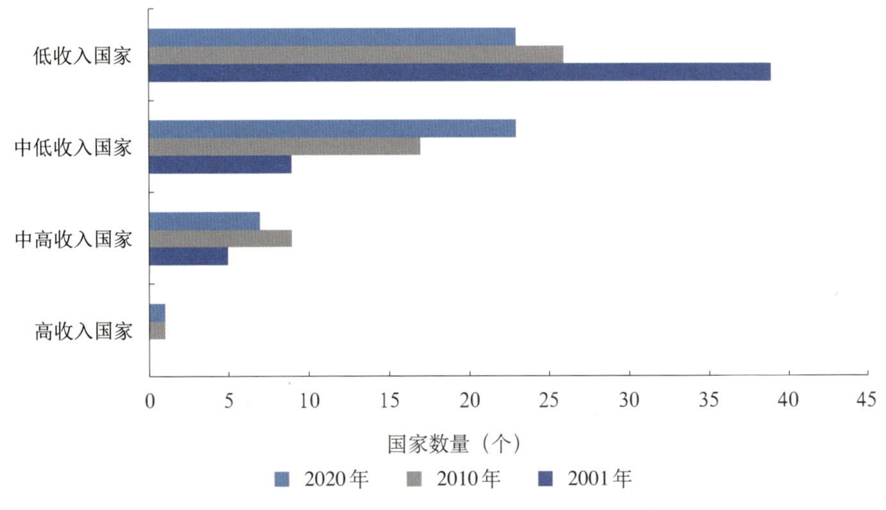

图2.6　2001—2020年非洲各收入组国家数量

数据来源：根据世界银行（https://datahelpdesk.worldbank.org/knowledgebase/articles/906519）的数据绘制。

注：2001年和2010年，南苏丹数据缺失而未参与分组。

2. 人类发展水平

根据《人类发展报告2020》，2019年非洲仅有毛里求斯1个国家处于极高人类发展水平，塞舌尔等8个国家处于高人类发展水平，摩洛哥等13个国家处于中等人类发展水平，而毛里塔尼亚等30个国家均处于低人类发展水平。超过半数的非洲国家处于低人类发展水平，大部分地区发展程度较低，而且非洲各国的发展水平差异较大。

分区域来看，非洲的人类发展指数水平整体偏低，南非和北非的平均人类发展水平较高，西非最低（图2.7）。分指标来看，非洲的平均受教育年限和预期受教育年限普遍较低，南非和北非的预期受教育年限均超过12年，西非、中非和东非的平均受教育年限均不足6年，非洲普遍较低的教育水平将阻碍非洲的减贫、脱贫进程；北非的出生时预期寿命最高（73.41岁），中非最低（60.98岁）。

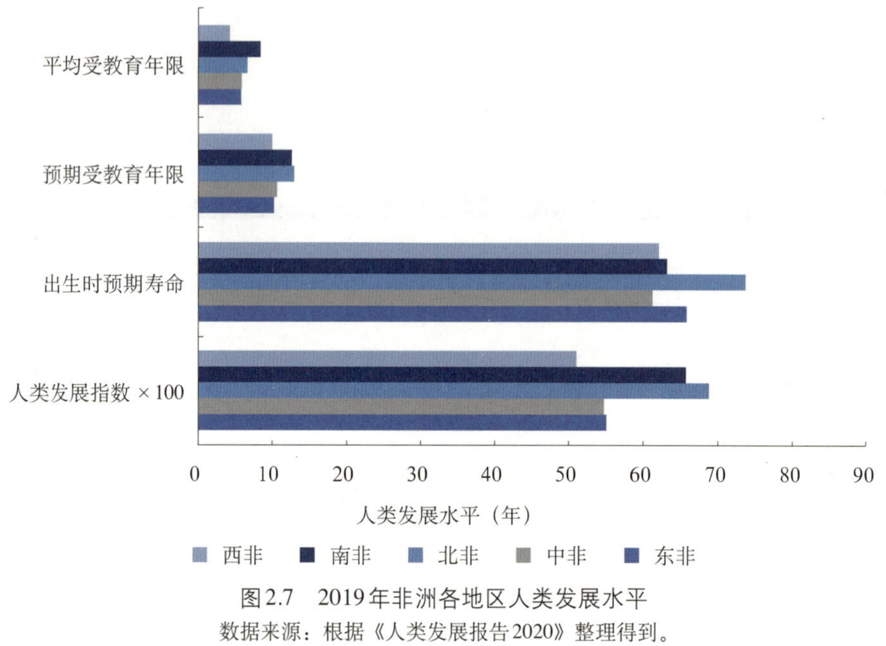

图2.7　2019年非洲各地区人类发展水平

数据来源：根据《人类发展报告2020》整理得到。

（二）非洲的贫困现状

1.绝对贫困

非洲是全球贫困人口最多、贫困发生率最高的区域。受新冠肺炎疫情影响，2020年非洲国家出现不同程度返贫。按照世界银行1.9美元标准，2020年有统计数据的49个非洲国家的平均贫困发生率35.57%，比2019年上升了1.70%，贫困人口4.67亿人，比2019年增加3 312万人。2020年仅埃及和南苏丹的贫困发生率比2019年微降，其他国家的贫困发生率均有不同程度的上升，其中圣多美和普林西比、苏丹的贫困发生率增幅超过4%，刚果（布）、塞拉利昂等7个国家的贫困发生率增幅在3%～4%，马里、赞比亚等8个国家的贫困发生率增幅在2%～3%，尼日尔、乌干达等14个国家的贫困发生率增幅在1%～2%。

另一方面，非洲国家的贫困差异较大。2020年，南苏丹的贫困发生率最高（82.78%），而贫困发生率较低的国家，如突尼斯、毛里求斯、摩洛哥和阿尔及利亚的贫困发生率均不超过0.4%（表2.4）。2020年，仅有6个非洲国家（突尼斯、毛里求斯、摩洛哥、阿尔及利亚、埃及和佛得角）的贫困发生率低于世界银行的3%目标，而塞内加尔等29个国家的贫困发生率超过30%，尤其是安哥拉等12个国家的贫困发生率甚至超过50%。总的来看，非洲大部分国家的贫困发生率仍然较高，减贫进程面临诸多挑战。

表2.4　2020年非洲国家的贫困发生率与贫困人口

国家	国家代码	总人口（万人）	1.9美元标准	
			贫困发生率（%）	贫困人口（万人）
中高收入国家				
毛里求斯	MUS	127.2	0.33	0.4
博茨瓦纳	BWA	235.2	19.94	46.9
加蓬	GAB	222.6	3.61	8.0
南非	ZAF	5 930.9	27.74	1 645.2
纳米比亚	NAM	254.1	22.46	57.1
中低收入国家				
阿尔及利亚	DZA	4 385.1	0.39	17.1
佛得角	CPV	55.6	2.83	1.6
斯威士兰	SWZ	116.0	32.32	37.5
吉布提	DJI	98.8	14.55	14.4
突尼斯	TUN	1 181.9	0.24	2.8
摩洛哥	MAR	3 691.1	0.35	12.9
埃及	EGY	10 233.4	2.53	258.9
安哥拉	AGO	3 286.6	54.07	1 777.1
科特迪瓦	CIV	2 637.8	21.67	571.6
尼日利亚	NGA	20 614.0	42.30	8 719.7
加纳	GHA	3 107.3	12.25	380.6
圣多美和普林西比	STP	21.9	40.77	8.9
刚果（布）	COG	551.8	73.84	407.4
肯尼亚	KEN	5 377.1	16.61	893.1
毛里塔尼亚	MRT	465.0	6.29	29.2
喀麦隆	CMR	2 654.6	24.07	639.0
塞内加尔	SEN	1 674.4	30.03	502.8

（续）

国家	国家代码	总人口（万人）	1.9美元标准	
			贫困发生率（%）	贫困人口（万人）
科摩罗	COM	87.0	22.59	19.7
赞比亚	ZMB	1 838.4	58.24	1 070.7
莱索托	LSO	214.2	30.07	64.4
贝宁	BEN	1 212.3	49.25	597.1
坦桑尼亚	TZA	5 973.4	45.79	2 735.2
低收入国家				
几内亚	GIN	1 313.3	30.17	396.2
多哥	TGO	827.9	46.75	387.0
埃塞俄比亚	ETH	11 496.4	22.07	2 537.3
马里	MLI	2 025.1	40.95	829.3
卢旺达	RWA	1 295.2	47.25	612.0
乌干达	UGA	4 574.1	39.07	1 787.1
几内亚比绍	GNB	196.8	57.00	112.2
冈比亚	GMB	241.7	8.69	21.0
布基纳法索	BFA	2 090.3	42.70	892.6
苏丹	SDN	4 384.9	21.16	927.8
乍得	TCD	1 642.6	43.99	722.6
尼日尔	NER	2 420.7	42.77	1 035.3
马拉维	MWI	1 913.0	72.73	1 391.3
刚果（金）	COD	8 956.1	74.28	6 652.6
利比里亚	LBR	505.8	44.02	222.7
塞拉利昂	SLE	797.7	43.60	347.8
马达加斯加	MDG	2 769.1	77.73	2 152.4
中非	CAF	483.0	79.15	382.3
莫桑比克	MOZ	3 125.5	60.60	1 894.1
索马里	SOM	1 589.3	60.87	967.4
布隆迪	BDI	1 189.1	80.50	957.2
南苏丹	SSD	1 119.4	82.78	926.6

数据来源：根据*Sustainable Development Report 2021*整理得到。

注：塞舌尔、利比里亚、赤道几内亚、津巴布韦、厄立特里亚的数据缺失。

分地区来看，非洲贫困人口主要集中在东非、西非和中非，北非和南非的贫困人口占比较低；中非的贫困发生率最高（59.47%），北非最低（5.11%）（图2.8）。总的来看，东非的贫困人口占比最高，贫困发生率也较高；中非的贫困人口占比居中，但贫困发生率最高；北非和南非的贫困人口占比和贫困发生率都较低。

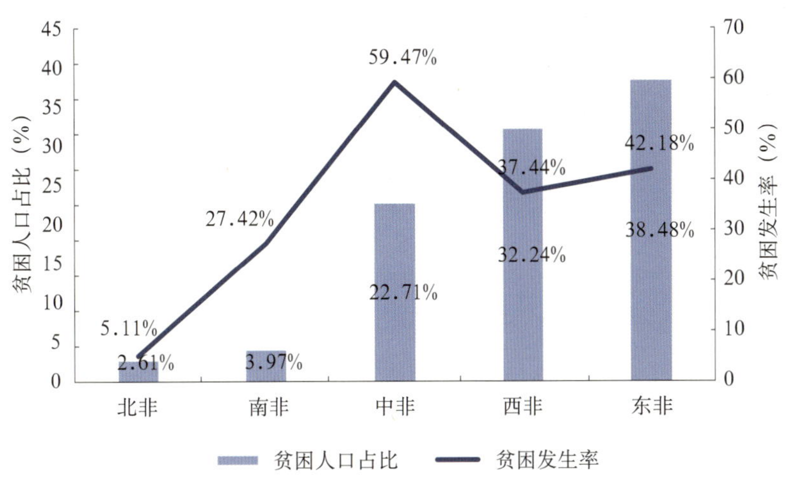

图2.8 2020年非洲的贫困现状

数据来源：根据*Sustainable Development Report 2021*整理得到。

2.多维贫困

2019年非洲各国的多维贫困现状如表2.5所示。高收入国家中塞舌尔的MPI为0.003，多维贫困发生率低于1%。中高收入国家中，阿尔及利亚、利比亚和南非的MPI均不超过0.02，多维贫困发生率均低于10%，但纳米比亚的MPI较高（0.17），多维贫困发生率高达38.00%。中低收入国家中，圣多美和普林西比、埃及、摩洛哥、突尼斯、莱索托以及斯威士兰的MPI均在0.1以下，其中只有圣多美和普林西比的多维贫困发生率为22.06%，其余5国的多维贫困发生率均低于20%；然而，安哥拉、苏丹、毛里塔尼亚、尼日利亚以及塞内加尔的MPI均不小于0.25，多维贫困发生率均高达50%左右。低收入国家中，多哥的MPI最低（0.18），其他国家的MPI均在0.2～0.6，各国的多维贫困发生率也较高，除多哥的多维贫困发生率为37.61%，其他国家的多维贫困发生率均在40%以上，尤其是南苏丹的多维贫困发生率高达91.86%。可见在非洲中高收入和中低收入国家中，同一收入组的不同国家之间存在一定的多维贫困差异；非洲低收入国家的MPI普遍偏高，无论多维贫困发生率还是多维贫困深度的情况都不容乐观。

表2.5　2019年非洲国家的多维贫困情况

国家	国家代码	年份	MPI	多维贫困发生率（%）	多维贫困深度（%）
高收入国家					
塞舌尔	SYC	2019	0.003	0.87	34.23
中高收入国家					
加蓬	GAB	2012	0.07	14.85	44.31
阿尔及利亚	DZA	2012—2013	0.01	2.10	38.81
利比亚	LBY	2014	0.01	2.00	37.13
博茨瓦纳	BWA	2015—2016	0.07	17.22	42.18
纳米比亚	NAM	2013	0.17	38.00	45.12
南非	ZAF	2016	0.02	6.26	39.78
中低收入国家					
科摩罗	COM	2012	0.18	37.26	48.51
肯尼亚	KEN	2014	0.18	38.68	45.99
赞比亚	ZMB	2018	0.23	47.91	48.36
津巴布韦	ZWE	2019	0.11	25.80	42.61
安哥拉	AGO	2015—2016	0.28	51.10	55.27
喀麦隆	CMR	2014	0.24	45.33	53.54
刚果（布）	COG	2014—2015	0.11	24.27	46.02
圣多美和普林西比	STP	2014	0.09	22.06	41.69
埃及	EGY	2014	0.02	5.16	37.61
摩洛哥	MAR	2011	0.08	18.60	45.68
苏丹	SDN	2014	0.28	52.33	53.40
突尼斯	TUN	2018	0.00	0.79	36.49
莱索托	LSO	2018	0.08	19.60	43.03
斯威士兰	SWZ	2014	0.08	19.21	42.30

（续）

国家	国家代码	年份	MPI	多维贫困发生率（%）	多维贫困深度（%）
科特迪瓦	CIV	2016	0.24	46.07	51.20
加纳	GHA	2014	0.14	30.07	45.84
毛里塔尼亚	MRT	2015	0.26	50.57	51.54
尼日利亚	NGA	2018	0.25	46.42	54.81
塞内加尔	SEN	2017	0.29	53.17	54.16
低收入国家					
布隆迪	BDI	2016—2017	0.40	74.25	54.30
埃塞俄比亚	ETH	2016	0.49	83.50	58.54
马达加斯加	MDG	2018	0.38	69.08	55.59
莫桑比克	MOZ	2011	0.41	72.45	56.69
马拉维	MWI	2015—2016	0.24	52.62	46.21
卢旺达	RWA	2014—2015	0.26	54.42	47.53
南苏丹	SSD	2010	0.58	91.86	63.15
坦桑尼亚	TZA	2015—2016	0.27	55.45	49.31
乌干达	UGA	2016	0.27	55.09	48.80
中非	CAF	2010	0.46	79.36	58.58
刚果（金）	COD	2017—2018	0.33	64.52	51.33
乍得	TCD	2014—2015	0.53	85.67	62.26
贝宁	BEN	2017—2018	0.37	66.80	55.04
布基纳法索	BFA	2010	0.52	83.83	61.91
几内亚	GIN	2018	0.37	66.21	56.37
冈比亚	GMB	2018	0.20	41.60	48.96
几内亚比绍	GNB	2014	0.37	67.29	55.33
利比里亚	LBR	2013	0.32	62.94	50.79
马里	MLI	2018	0.38	68.33	55.03
尼日尔	NER	2012	0.59	90.47	65.23
塞拉利昂	SLE	2017	0.30	57.93	51.22
多哥	TGO	2017	0.18	37.61	47.75

数据来源：根据*Global Multidimensional Poverty Index 2020*整理得到。

注：吉布提、厄立特里亚、毛里求斯、索马里、赤道几内亚、佛得角的数据缺失。

（三）非洲的减贫进展

按照世界银行1.9美元标准，2020年有统计数据的49个非洲国家的贫困人口高达4.67亿人，是亚洲贫困人口的2倍多，约占全球贫困人口的70%。受新冠肺炎疫情影响，2020年大部分非洲国家的贫困发生率比2019年有不同程度的增加，非洲减贫进程受到较大阻碍，出现大面积返贫。下面通过非洲的贫困变化情况，以及与减贫相关的各类指标变化情况来分析非洲的减贫进展。

1.贫困变化

不同收入组的非洲国家的贫困变化存在差异。第一，按照世界银行1.9美元标准，非洲大部分低收入国家的初始贫困发生率较高，2001—2020年贫困发生率出现不同程度的下降（图2.9），其中冈比亚的降幅最大，从2001年的54.77%降至2020年的8.69%。但是，南苏丹等国家的贫困发生率不降反升。南苏丹自2011年独立后，局势动荡、政治进展缓慢，暴力冲

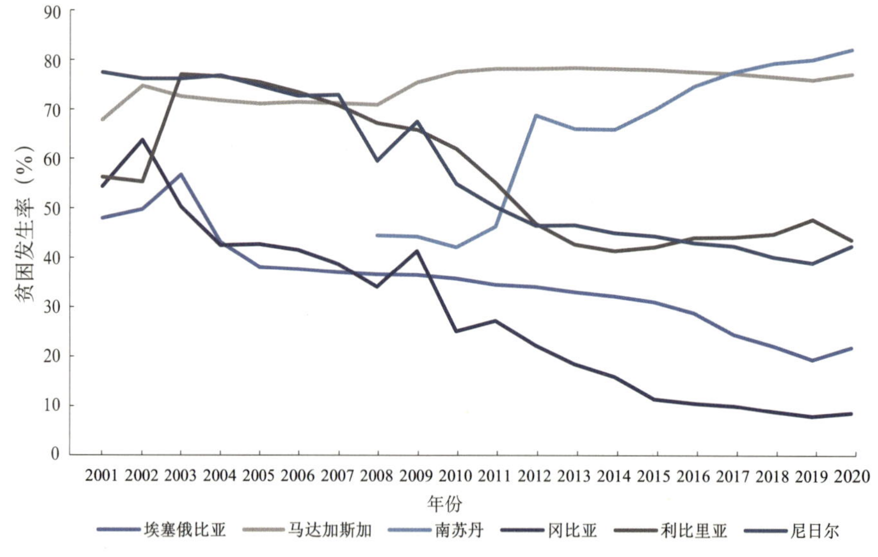

图2.9　2001—2020年非洲低收入国家的贫困发生率变化情况

数据来源：根据世界银行PovcalNet（在线分析工具http://iresearch.worldbank.org/PovcalNet/）和*Sustainable Development Report 2021*的数据绘制。

注：2001—2019年数据取自PovacalNet数据库，2020年数据取自*Sustainable Development Report 2021*。

突不断，2008—2020年贫困发生率从44.88%上升至82.78%，出现明显返贫。2020年，新冠肺炎疫情对许多非洲低收入国家的减贫工作产生了较大的负面影响，导致大部分低收入国家出现了返贫的情况。

第二，受新冠肺炎疫情影响，2020年大部分中低收入国家的贫困发生率有不同程度的增加（图2.10）。2001年，非洲中低收入国家的贫困发生率存在较大差异，如阿尔及利亚的贫困发生率低于5%，而坦桑尼亚的贫困发生率超过80%。2001—2020年大部分非洲中低收入国家的贫困发生率下降，但是整体降幅小于非洲低收入国家。此外，2012—2020年安哥拉的贫困发生率不断上升。

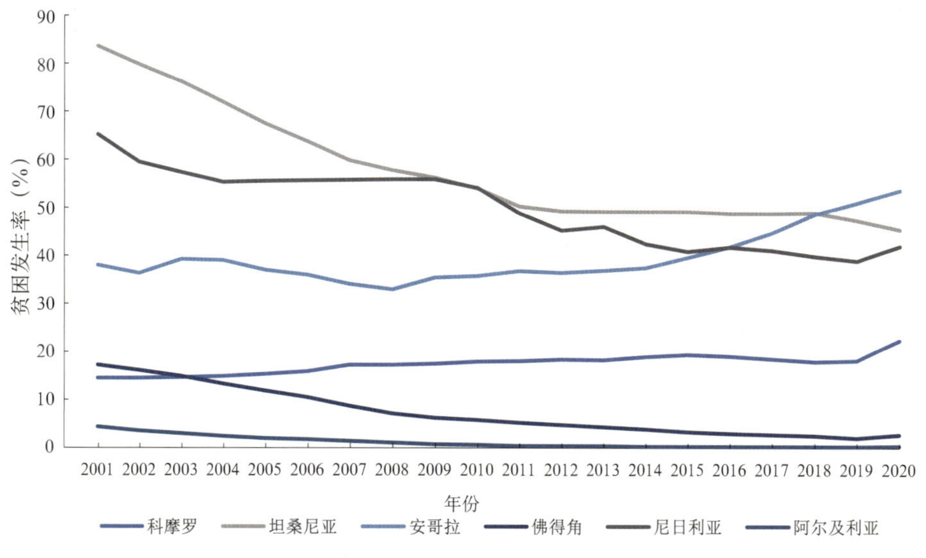

图2.10　2001—2020年非洲中低收入国家的贫困发生率变化情况

数据来源：根据世界银行PovcalNet（在线分析工具http://iresearch.worldbank.org/PovcalNet/）和*Sustainable Development Report 2021*的数据绘制。

注：2001—2019年数据取自PovacalNet数据库，2020年数据取自*Sustainable Development Report 2021*。

第三，非洲高收入和中高收入国家的初始贫困发生率存在较大差异，2001—2020年的变化幅度较小（图2.11）。2001年，博茨瓦纳、纳米比亚以及南非的贫困发生率超过30%，2001—2019年出现了一定程度的下降，但是近几年都出现了上升的趋势。受新冠肺炎疫情影响，2020年4个国家的贫困发生率均上升。

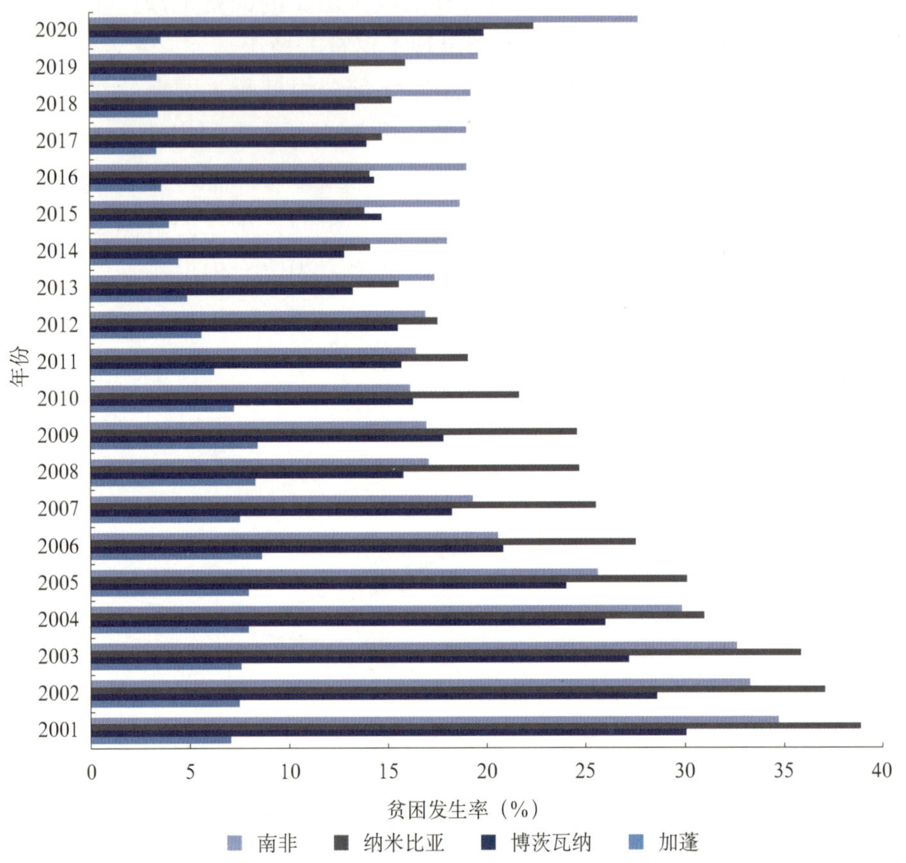

图2.11　2001—2020年非洲高收入和中高收入国家的贫困发生率变化情况

数据来源：根据世界银行PovcalNet（在线分析工具http://iresearch.worldbank.org/PovcalNet/）和*Sustainable Development Report 2021*的数据绘制。

注：2001—2019年数据取自PovacalNet数据库，2020年数据取自*Sustainable Development Report 2021*。

总体来看，近10年来非洲各国并未实现大幅度减贫，大部分非洲国家减贫进展缓慢，部分国家甚至出现返贫现象。新冠肺炎疫情和国际国内形势等因素阻碍非洲国家的减贫进程，2020年绝大多数非洲国家的极端贫困发生率上升。

2. 与减贫相关的进展

本部分从基础设施与服务、疫苗接种情况、孕产妇和儿童健康情况以及受教育情况等方面来分析非洲国家在减贫相关的多个维度上的进展。

第一，2001—2019年非洲各国在饮用水、用电和基本卫生服务等方面取得了一定的进步，但不同国家的情况仍存在较大差异（表2.6）。

表2.6　2001—2019年非洲国家的基础设施和服务进展

单位：%

国家	国家代码	基本饮用水覆盖率		用电人口比率		基本卫生服务覆盖率	
		2001年	2017年	2001年	2019年	2001年	2017年
高收入国家							
塞舌尔	SYC	93.46	96.25	94.38	100.00	94.56	100.00
中高收入国家							
毛里求斯	MUS	99.32	99.87	99.25	100.00	90.49	95.50
加蓬	GAB	80.14	85.77	77.14	90.69	35.32	47.41
赤道几内亚	GNQ	51.79	64.67	—	66.59	55.78	66.31
利比亚	LBY	85.19	98.53	97.12	68.53	97.58	100.00
博茨瓦纳	BWA	75.54	90.34	24.80	70.18	53.33	77.27
纳米比亚	NAM	76.91	82.54	35.99	55.20	28.39	34.50
南非	ZAF	85.04	92.68	70.20	85.00	59.83	75.75
中低收入国家							
科摩罗	COM	90.84	80.17	42.06	84.05	30.44	35.86
吉布提	DJI	75.55	75.63	56.37	61.28	47.26	63.61
肯尼亚	KEN	48.05	58.92	17.07	69.70	33.46	29.05
坦桑尼亚	TZA	28.67	56.73	10.00	37.70	5.80	29.91
赞比亚	ZMB	50.04	59.96	19.94	43.00	23.77	26.37
津巴布韦	ZWE	71.87	64.05	34.21	41.09	46.05	36.22
安哥拉	AGO	42.25	55.84	20.00	45.67	28.99	49.88
喀麦隆	CMR	59.36	60.38	46.20	63.45	39.93	39.08
刚果（布）	COG	57.46	73.22	—	48.33	11.97	20.17
圣多美和普林西比	STP	66.08	84.29	51.53	75.18	21.62	42.97
阿尔及利亚	DZA	90.11	93.56	—	99.50	84.07	87.59

（续）

国家	国家代码	基本饮用水覆盖率		用电人口比率		基本卫生服务覆盖率	
		2001年	2017年	2001年	2019年	2001年	2017年
埃及	EGY	97.94	99.11	97.35	100.00	92.34	94.19
摩洛哥	MAR	63.52	86.78	71.37	99.60	66.79	88.50
突尼斯	TUN	88.34	96.25	97.30	100.00	77.78	90.92
莱索托	LSO	67.46	68.65	1.27	44.64	11.21	42.75
斯威士兰	SWZ	53.52	69.01	26.90	77.17	50.79	58.35
贝宁	BEN	61.78	66.41	21.90	40.32	9.00	16.45
科特迪瓦	CIV	70.91	72.87	49.67	68.55	21.42	32.13
佛得角	CPV	78.96	87.08	—	95.53	42.21	73.85
加纳	GHA	65.35	81.45	44.85	83.50	8.67	18.47
毛里塔尼亚	MRT	42.02	70.70	22.20	45.81	18.49	48.44
尼日利亚	NGA	49.30	71.38	43.77	55.40	29.49	39.17
塞内加尔	SEN	61.04	80.68	38.77	70.40	39.70	51.47
低收入国家							
布隆迪	BDI	51.23	60.83	2.80	11.06	45.42	45.82
厄立特里亚	ERI	47.12	—	30.30	50.39	8.64	—
埃塞俄比亚	ETH	20.29	41.06	25.48	48.27	3.64	7.32
马达加斯加	MDG	36.67	54.40	14.80	26.91	4.86	10.51
莫桑比克	MOZ	21.40	55.69	5.70	29.62	11.41	29.36
马拉维	MWI	53.90	68.83	5.14	11.20	21.12	26.23
卢旺达	RWA	46.36	57.71	5.58	37.78	46.92	66.57
索马里	SOM	21.68	52.44	—	36.03	20.24	38.34
南苏丹	SSD	—	40.68	—	6.72	—	11.32
乌干达	UGA	27.91	49.10	8.60	41.30	17.49	18.47
中非	CAF	57.25	—	5.76	14.30	15.79	—
刚果（金）	COD	34.47	43.24	7.16	19.10	21.22	20.46
乍得	TCD	41.27	38.70	3.56	8.40	11.49	8.34
苏丹	SDN	43.44	60.27	31.70	53.83	20.61	36.58

（续）

国家	国家代码	基本饮用水覆盖率		用电人口比率		基本卫生服务覆盖率	
		2001年	2017年	2001年	2019年	2001年	2017年
布基纳法索	BFA	55.08	47.89	9.54	18.38	11.62	19.40
几内亚	GIN	62.86	61.90	16.71	42.42	10.27	22.72
冈比亚	GMB	75.14	77.99	29.87	59.92	56.28	39.23
几内亚比绍	GNB	54.23	66.63	—	31.04	12.14	20.54
利比里亚	LBR	63.04	72.95	—	27.65	13.82	16.97
马里	MLI	50.45	78.26	10.80	48.02	17.29	39.34
尼日尔	NER	36.67	50.27	8.39	18.77	5.70	13.57
塞拉利昂	SLE	40.17	60.81	—	22.70	10.43	15.65
多哥	TGO	47.04	65.13	19.65	52.44	10.25	16.13

数据来源：根据世界银行World Development Indicators的数据（更新时间：2021年7月）整理。

2001—2017年绝大部分非洲国家的基本饮用水覆盖率有不同程度的提高，但非洲的各个收入组中仍存在基本饮用水覆盖率偏低的国家。2017年高收入国家塞舌尔以及毛里求斯等4个中高收入国家基本饮用水覆盖率均超过90%，但中高收入国家中赤道几内亚的基本饮用水覆盖率不足65%。非洲中低收入国家的基本饮用水覆盖率差异较大，阿尔及利亚、埃及和突尼斯的基本饮用水覆盖率超过90%，但是仍有一半的中低收入国家基本饮用水覆盖率不足80%，其中肯尼亚、坦桑尼亚、赞比亚以及安哥拉的基本饮用水覆盖率不足60%。非洲低收入国家的基本饮用水覆盖率都低于80%，其中埃塞俄比亚、南苏丹、刚果（金）、乍得的基本饮用水覆盖率低于45%。

用电人口比率和基本卫生服务覆盖率的情况与基本饮用水覆盖率的情况相似，非洲各收入组的组内差异较大，且各收入组内都存在情况较差的国家。电可以维持现代生产经营和生活的正常运行，但是非洲的用电情况仍不容乐观。2001—2019年，中高收入国家中利比亚受战乱等因素影响，用电人口比率从97.12%降至68.53%，博茨瓦纳和纳米比亚用电情况有很大改善，但仍低于80%。大部分中低收入国家的用电人口比率大于60%，但是坦桑尼亚、赞比亚以及津巴布韦等8个国家的用电人口比率甚至低于

50%。低收入国家的用电情况令人担忧，在23个低收入国家中，仅有4个国家的用电人口比率在50%～60%，其余国家均低于50%，南苏丹的用电人口占比仅6.72%。基本卫生服务能够为居民健康提供一定的保障，但是绝大部分非洲国家的基本卫生设施与服务非常欠缺。2017年非洲中高收入国家中加蓬和纳米比亚的基本卫生服务覆盖率低于50%，在23个中低收入国家中15个国家的基本卫生服务覆盖率低于50%，在23个低收入国家中仅有卢旺达的基本卫生服务覆盖率高于50%，大部分低收入国家基本卫生服务覆盖率低于40%，埃塞俄比亚和乍得的基本卫生服务覆盖率甚至不到10%。整体来看，非洲国家的基础设施存在巨大发展空间。

第二，从麻疹、百日破以及乙肝这三种疫苗接种情况来看，2019年高收入以及中高收入国家中塞舌尔、毛里求斯以及博茨瓦纳的三种疫苗接种率均在90%以上，但是加蓬、赤道几内亚、利比亚以及南非的三种疫苗接种率均不足80%。2019年中低收入国家中科摩罗等8个国家的三种疫苗接种率均超过90%，吉布提等11个国家的三种疫苗接种率介于80%～90%，但是安哥拉和尼日利亚的疫苗接种率还不足60%，应当引起重视。低收入国家中各国疫苗接种情况差异更大，2019年布隆迪等6个国家的疫苗接种率超过90%，大部分低收入国家疫苗接种率超过80%，但是索马里、南苏丹、中非以及几内亚的三种疫苗接种率都不足50%。大部分非洲中、低收入国家的疫苗接种工作仍需进一步加强。

第三，2001—2019年非洲各国的孕产妇死亡率、5岁以下儿童死亡率和营养不良率的具体情况，如表2.7所示。2017年非洲高收入国家孕产妇死亡率较低，中高收入国家中毛里求斯和利比亚的孕产妇死亡率较低，但是其他国家的孕产妇死亡率较高；虽然2017年大部分非洲中低收入和低收入国家的孕产妇死亡率仍然较高，但是2001—2017年已经实现大幅下降。非洲国家5岁以下儿童死亡率降幅较大，其中低收入国家的降幅最大，并且绝大多数中高收入和中低收入国家的降幅也大于20%。2001—2018年，除毛里求斯的营养不良率小幅下降以外，非洲其他中高收入国家的营养不良率都出现了一定程度的上升；中低收入国家与低收入国家中，大部分国家的营养不良率下降，其中安哥拉、埃塞俄比亚和塞拉利昂的营养不良率降幅超过20个百分点，但是莱索托、马达加斯加、莫桑比克、卢旺达等6个国家的营养不良率仍高达30%以上。

表2.7 2001—2019年非洲国家的孕产妇和儿童健康情况

国家	国家代码	孕产妇死亡率（每10万名活产婴儿）（人）		5岁以下儿童死亡率（每1 000名活产婴儿）（人）		营养不良率（%）	
		2001年	2017年	2001年	2019年	2001年	2018年
高收入国家							
塞舌尔	SYC	54	53	13.7	14.2	—	—
中高收入国家							
毛里求斯	MUS	54	61	17.5	16.0	5.8	5.3
加蓬	GAB	370	252	82.3	42.5	10.8	16.6
赤道几内亚	GNQ	421	301	152.1	81.8	—	—
利比亚	LBY	68	72	27.3	11.5	—	—
博茨瓦纳	BWA	271	144	65.8	41.6	23.2	24.1
纳米比亚	M	352	195	74.9	42.4	13.1	14.7
南非	ZAF	168	119	73.0	34.5	4.0	5.7
中低收入国家							
科摩罗	COM	437	273	99.9	62.9	—	—
吉布提	DJI	490	248	98.8	57.5	—	—
肯尼亚	KEN	702	342	94.2	43.2	32.4	23.0
坦桑尼亚	TZA	819	524	121.1	50.3	33.1	25.0
赞比亚	ZMB	491	213	143.6	61.7	—	—
津巴布韦	ZWE	629	458	91.3	54.6	—	—
安哥拉	AGO	766	241	197.8	74.7	67.5	18.6
喀麦隆	CMR	844	529	140.5	74.8	23.1	6.3
刚果（布）	COG	752	378	110.9	47.8	27.1	28.0
圣多美和普林西比	STP	173	130	79.3	29.8	14.9	12.0
阿尔及利亚	DZA	155	112	38.9	23.3	8.0	2.8
埃及	EGY	63	37	43.9	20.3	5.3	4.7
摩洛哥	MAR	174	70	47.2	21.4	6.4	4.3
突尼斯	TUN	63	43	27.8	16.9	4.4	2.5
莱索托	LSO	633	544	109.3	86.4	20.2	32.6

（续）

国家	国家代码	孕产妇死亡率（每10万名活产婴儿）（人）		5岁以下儿童死亡率（每1 000名活产婴儿）（人）		营养不良率（%）	
		2001年	2017年	2001年	2019年	2001年	2018年
斯威士兰	SWZ	528	437	112.8	49.4	10.7	16.9
贝宁	BEN	516	397	135.4	90.3	17.4	7.4
科特迪瓦	CIV	706	617	139.1	79.3	20.5	19.9
佛得角	CPV	109	58	34.5	14.9	14.6	18.5
加纳	GHA	445	308	95.4	46.2	15.0	6.5
毛里塔尼亚	MRT	835	766	112.3	72.9	8.4	11.9
尼日利亚	NGA	1 200	917	177.7	117.2	9.1	12.6
塞内加尔	SEN	545	315	122.6	45.3	24.2	9.4
低收入国家							
布隆迪	BDI	956	548	149.6	56.5	—	—
厄立特里亚	ERI	1 180	480	81.2	40.5	—	—
埃塞俄比亚	ETH	988	401	134.3	50.7	47.1	19.7
马达加斯加	MDG	552	335	101.6	50.6	33.9	41.7
莫桑比克	MOZ	745	289	160.6	74.2	36.6	32.6
马拉维	MWI	735	349	159.0	41.6	23.8	18.8
卢旺达	RWA	1 100	248	166.4	34.3	38.5	35.6
索马里	SOM	1 170	829	171.1	117.0	—	—
南苏丹	SSD	1 690	1 150	171.9	96.2	—	—
乌干达	UGA	550	375	139.3	45.8	—	—
中非	CAF	1 290	829	168.4	110.1	—	—
刚果（金）	COD	740	473	155.2	84.8	—	—
乍得	TCD	1 410	1 140	181.7	113.8	39.0	39.6
贝宁	SDN	645	295	100.2	58.4	21.7	12.4
布基纳法索	BFA	501	320	175.1	87.5	24.5	19.2
几内亚	GIN	1 070	576	157.5	98.8	—	—
冈比亚	GMB	905	597	107.8	51.7	18.0	11.9
几内亚比绍	GNB	1 180	667	167.5	78.5	—	—

（续）

国家	国家代码	孕产妇死亡率（每10万名活产婴儿）（人）		5岁以下儿童死亡率（每1 000名活产婴儿）（人）		营养不良率（%）	
		2001年	2017年	2001年	2019年	2001年	2018年
利比里亚	LBR	913	661	175.1	84.6	36.7	37.5
马里	MLI	797	562	180.9	94.0	16.4	5.1
尼日尔	NER	803	509	215.2	80.4	—	—
塞拉利昂	SLE	2 250	1 120	222.2	109.2	50.7	26.0
多哥	TGO	489	396	114.5	66.9	31.4	20.7

数据来源：根据世界银行World Development Indicators的数据（更新时间：2021年7月）整理。

第四，2018年非洲高收入以及中高收入的小学净入学率均达到90%以上，中低收入与低收入国家小学净入学率上升幅度较大，其中半数国家的小学净入学率超过90%，但是低收入国家中厄立特里亚和马里的小学净入学率不足60%。非洲国家的初等教育完成率普遍偏低，其中2018年乍得和2019年尼日尔的初等教育完成率均不足20%。非洲国家的青年识字率比教育完成率情况略好，2018年高收入以及中高收入国家的青年识字率均在90%以上，大部分中低收入和低收入国家的青年识字率超过80%，但是南苏丹、中非以及尼日尔的青年识字率不足50%，仍有较大的发展空间。

总的来看，非洲大部分国家的基础设施落后，疫苗和基本卫生服务覆盖率不高，孕产妇和儿童健康得不到有效保障，教育普及率较低，贫困情况存在不良循环，未来减贫工作面临诸多挑战。

（四）非洲的减贫经验与挑战

非洲的贫困面广、贫困程度深、贫困发生率高，主要表现为绝对贫困。非洲国家在减贫进程中积累了一些经验，也遇到了许多挑战。

1.非洲的减贫经验

（1）构建合作伙伴关系，共同推动减贫进程。据世界银行预测，到2030年非洲地区贫困人口数量将占世界总量的86%，非洲仍将是世界贫困人口最集中、贫困发生率最高的地区。非洲作为世界上发展中国家最集中的大陆，一直是国际减贫合作的重点地区。非洲在减贫过程中得到许多国家与国际组织的援助，构建合作伙伴关系，共同推动了非洲的减贫进程，实现互利共赢。如1955年由联合国提出的南南合作中，中国主动提出“中非减贫惠民合作计划”，通过援建农业技术示范中心、举办减贫培训等方式，为非洲的广大发展中国家培养扶贫减贫人才，中非合作为非洲加快农业、工业发展进程，提升农业生产率，促进增长提供了机会。

（2）因地制宜，发展优势产业扶贫。以南非为例，作为非洲的经济强国，南非的产业扶贫不仅包括采矿业、制造业等优势产业，而且扩展到旅游扶贫。南非地理区位独特、产业潜力巨大、国际形象好，具有进行旅游扶贫的基础。南非旅游扶贫的战略理念及实践，可以为非洲其他国家从对优势产业的认知、发展战略的选择及脱贫模式的改变等方面提供参考和借鉴。

（3）稳定的机制与制度对非洲减贫至关重要。忽略当地社会与人民的现实情况、缺乏吸引人才政策等，将影响非洲的经济起飞。做好统筹规划、制定切实可行的长期发展战略，考虑落后地区的利益，推进教育发展，推动政策和管理透明性，减少和惩治腐败，加强国家治理等对促进非洲减贫极为重要。

（4）农业现代化与工业现代化是摆脱贫困的主要路径。中国提出的“一带一路”倡议，将改变非洲被动的全球化进程，促进非洲的工业化和农业现代化。落后的基础设施阻碍非洲的减贫进程，而“一带一路”倡议关注基础设施建设，倡导中非双方进行新工业化合作，追求包容性和在互联互通等多领域的合作，将推进非洲的农业现代化和工业现代化进程，促进非洲减贫脱贫。

2.非洲的减贫挑战

21世纪以来，非洲大陆的减贫事业面临重重困难，减贫进程明显滞后于全球其他地区。作为当今世界发展中国家分布最为集中的大陆，非洲的贫困问题始终是影响其和平稳定与实现可持续发展的最大威胁。过去30年里，以中国为代表的亚洲国家在减贫领域取得了突出成就，贫困人口和贫困发生率大幅度下降。由于同时期非洲国家经济增长长期滞后，导致非洲的减贫进度落后于全球平均水平。减贫进度的相对滞后导致世界贫困人口分布重心逐步从亚洲转移至撒哈拉以南非洲地区，非洲在全球减贫格局中的地位日益突出。

根据世界银行2016年发布的研究报告，尽管过去30年非洲的贫困人口比例持续下降，但非洲地区由于人口规模持续扩大，生活在贫困线以下的绝对人口数量却出现大幅度上升，撒哈拉以南非洲国家的减贫前景面临巨大挑战，减贫形势不容乐观。这主要表现为基础教育水平低下，城镇人口就业机会匮乏，农村贫困问题日益突出。

尽管过去20年里部分非洲国家获得了较高的经济增长，但其主要是受益于资源开发型的产业带动，而这类处于价值链低端的产业极易受到国际经济形势变化的影响。同时，由于非洲人口规模迅速扩大，现有经济增长还不足以为新增人口提供足够的就业机会。此外，非洲国家社会保障水平普遍低下，导致劳动人口的生活状况处于相当不稳定的状态，目前非洲只有不到1%的失业人口能享受到保障性政策措施的支持。社会保障的缺失导致社会脆弱群体的贫困压力长期得不到有效缓解，在很大程度上阻碍了存量贫困人口的减少。

粮食安全问题是非洲如期实现联合国2030年可持续发展目标所面临的另一个严峻挑战。根据联合国粮食及农业组织统计的数据，非洲的谷物类粮食需求无法自给，存在严重的食品短缺，缺乏充足的食品安全保障。特别是近年来受气候变化影响，非洲萨赫勒地区和南部非洲频繁发生干旱，加剧了农业减产和粮食短缺态势，由此引发的社会冲突和生态环境退化等一系列问题进一步阻碍了非洲减贫进程。非洲很可能成为制约全球如期实现联合国2030年可持续发展目标的最大短板。

此外，自20世纪中叶开始，国际社会为非洲提供了持续性的巨额发展援助，仅经济合作与发展组织（OECD）国家在过去60年里给予非洲的援助金额就超过5000亿美元。不可否认，国际援助为促进非洲发展发挥了重要作用，但持续半个世纪的大规模外部援助并未从根本上改变非洲贫穷落后的面貌。在世界其他发展中国家取得持续进步的同时，非洲仍然落后于全球发展和减贫的步伐。“授人以鱼不如授人以渔”，资金援助虽然简单直接，但不可持续，支持非洲培育和改善其自身的发展环境，为非洲市场主体的创业和经营活动提供金融和技术方面的支持，提升内在动力和减贫能力是核心方向。

三、拉丁美洲和加勒比

根据联合国地理区域划分标准，拉丁美洲和加勒比地区有33个国家：

阿根廷、安提瓜和巴布达、巴哈马、伯利兹、玻利维亚、巴西、巴巴多斯、智利、哥伦比亚、哥斯达黎加、古巴、多米尼加、多米尼克、厄瓜多尔、格林纳达、危地马拉、圭亚那、洪都拉斯、海地、牙买加、圣基茨和尼维斯、圣卢西亚、墨西哥、尼加拉瓜、巴拿马、秘鲁、巴拉圭、萨尔瓦多、苏里南、特立尼达和多巴哥、乌拉圭、圣文森特和格林纳丁斯、委内瑞拉。

（一）拉丁美洲和加勒比的社会经济状况

1.人均国民收入

拉丁美洲和加勒比地区经济的稳步增长，为全球减贫作出了积极贡献。按世界银行的收入划分标准，2001—2020年拉丁美洲和加勒比地区各国收入水平普遍提高，中低收入国家向中高收入群组跃进（图2.12）。20年间，高收入国家数量从最初的1个增加到现在的6个，中高收入国家从最初的13个增加到现在的17个。2020年所有国家均脱离低收入水平。2020年，加勒比地区的海地由低收入组调入中低收入组，中美地区的巴拿马由高收入组下调至中高收入组，伯利兹由中高收入组下调至中低收入组。另外，拉丁美洲和加勒比地区人均国民收入存在较大差异，最高人均国民收入（巴哈马，27 780美元/人）是最低人均国民收入（海地，1 250美元/人）的22倍。

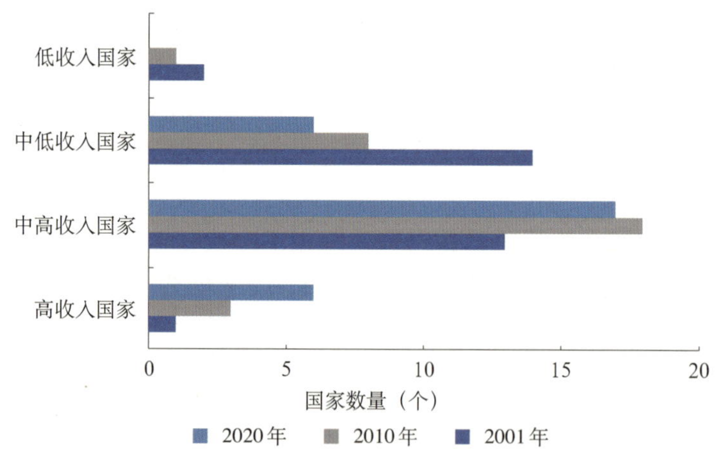

图2.12　2001—2020年拉丁美洲和加勒比地区不同收入国家数量

数据来源：根据世界银行（https://datahelpdesk.worldbank.org/knowledgebase/articles/906519）的数据绘制。

注：缺少有关圣基茨和尼维斯、圣卢西亚、圣文森特和格林纳丁斯的数据。缺少有关2020年委内瑞拉的数据。

2. 人类发展水平

有统计数据的33个拉丁美洲和加勒比国家中，智利、阿根廷等8个国家处于极高人类发展水平群组，古巴、格林纳达等19个国家处于高人类发展水平群组，圭亚那、萨尔瓦多等5个国家处于中等人类发展水平群组，海地处于低人类发展水平群组。分区域来看，各地区的人类发展指数差异不大，南美地区最高，加勒比地区次之，中美地区最低（图2.13）。加勒比地区人口出生时预期寿命较低，但平均受教育年限较高；中美地区人口平均受教育年限最少，比其他两个地区平均少1年。加勒比地区有5个国家的平均受教育年限在10年以上，但海地的平均受教育年限较低，仅有5.59年。中美地区平均受教育年限差异较大，绝大部分国家的平均受教育年限小于7年，仅巴拿马的平均受教育年限超过10年。南美地区的智利、阿根廷和委内瑞拉3个国家的平均受教育年限超过10年，其他国家的平均受教育年限均小于10年。

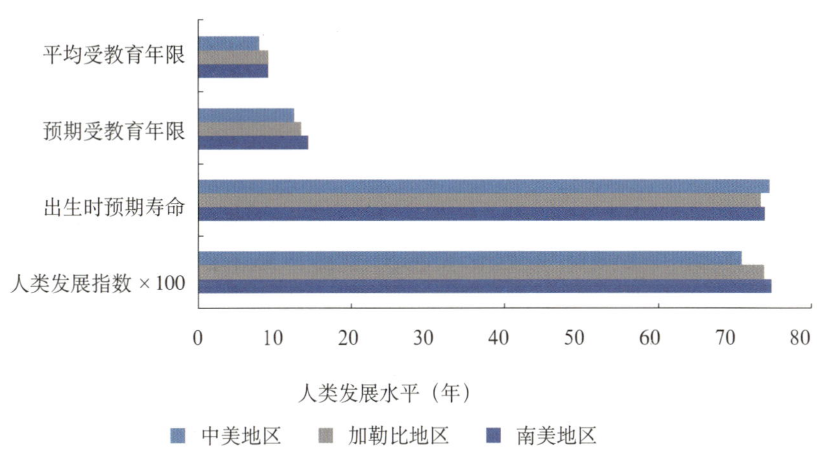

图2.13　2011—2020年拉丁美洲和加勒比地区人类发展水平
数据来源：整理自《人类发展报告2020》。

人类发展水平与贫困发生率息息相关。高人类发展水平国家的贫困发生率通常较低，低人类发展水平国家的贫困发生率往往更高（图2.14）。更长的受教育年限能够有效阻断代际贫困，较长的预期寿命保障充足的劳动时长，有助于创造更多的劳动财富，为持续脱贫提供经济支持。

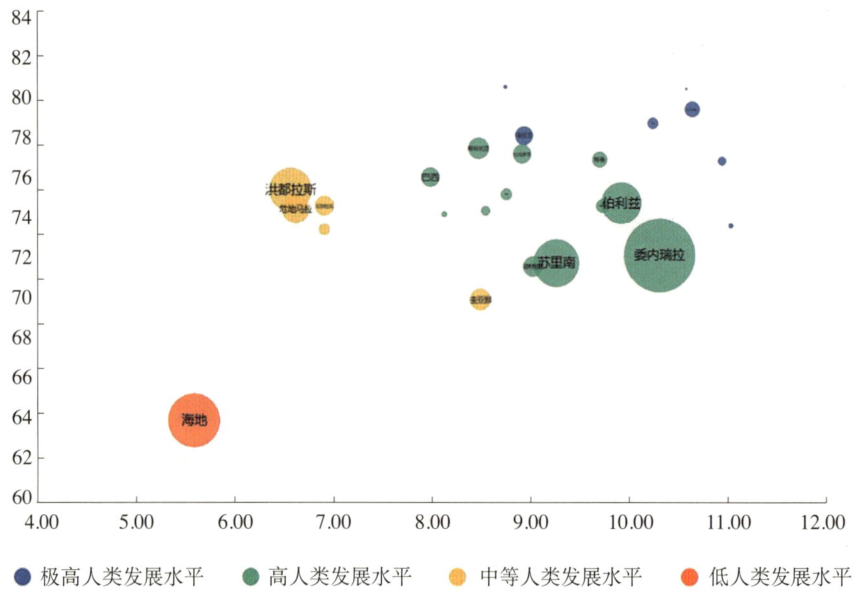

图2.14 拉丁美洲和加勒比国家的人类发展指数分指标与贫困发生率

数据来源：根据世界银行World Development Indicators（更新时间：2021年7月）和*Sustainable Development Report 2021*的数据整理得到。

注：横轴表示平均受教育年限（年），纵轴表示出生时预期寿命（年），气泡大小表示世界银行1.9美元标准的贫困发生率（%）。

（二）拉丁美洲和加勒比的贫困现状

1.绝对贫困

受新冠肺炎疫情影响，拉丁美洲和加勒比地区各国的贫困发生率均不同程度地提升。按照世界银行1.9美元标准，2020年，拉丁美洲和加勒比地区的整体贫困发生率为5.92%，比2019年上升1.17个百分点。2020年，贫困人口为3 772万人，比2019年增加771万人。其中，贫困发生率超过10%的国家有5个，即委内瑞拉（47.98%）、海地（28.56%）、苏里南（22.67%）、洪都拉斯（19.28%）和伯利兹（18.85%）；危地马拉、圣卢西亚等9个国家的贫困发生率在3%～10%；乌拉圭、智利等12个国家的贫困发生率低于3%（表2.8）。

表2.8 2020年拉丁美洲和加勒比国家的贫困发生率与贫困人口

国家	国家代码	总人口（万人）	贫困发生率（%）	贫困人口（万人）
乌拉圭	URY	347.4	0.00	0.0
智利	CHL	1 911.6	0.04	0.8
哥斯达黎加	CRI	509.4	0.22	1.1
特立尼达和多巴哥	TTO	139.9	0.32	0.4
多米尼克	DOM	1 084.8	0.46	5.0
阿根廷	ARG	4 519.6	0.95	42.9
巴拉圭	PRY	713.3	1.20	8.6
巴拿马	PAN	431.5	1.58	6.8
萨尔瓦多	SLV	648.6	1.62	10.5
墨西哥	MEX	12 893.3	1.72	221.8
牙买加	JAM	296.1	2.76	8.2
巴巴多斯	BRB	28.7	2.87	0.8
秘鲁	PER	3 297.2	3.25	107.2
尼加拉瓜	NIC	662.5	3.65	24.2
厄瓜多尔	ECU	1 764.3	4.17	73.6
巴西	BRA	21 255.9	4.22	897.0
玻利维亚	BOL	1 167.3	4.70	54.9
哥伦比亚	COL	5 088.3	5.12	260.5
圭亚那	GUY	78.7	5.24	4.1
圣卢西亚	LCA	18.4	5.62	1.0
危地马拉	GTM	1 791.6	7.87	141.0
伯利兹	BLZ	39.8	18.85	7.5
洪都拉斯	HND	990.5	19.28	191.0
苏里南	SUR	58.7	22.67	13.3
海地	HTI	1 140.3	28.56	325.7
委内瑞拉	VEN	2 843.6	47.98	1 364.4

数据来源：根据*Sustainable Development Report 2021*整理得到。

注：安提瓜和巴布达、巴哈马、古巴、多米尼加、格林纳达、圣基茨和尼维斯、圣文森特和格林纳丁斯数据缺失。

分区域来看，南美地区的贫困人口最多，占拉丁美洲和加勒比地区贫困人口的74.95%，贫困发生率也较高；中美地区的贫困发生率最低，但贫困人口较多，占16.01%；加勒比地区贫困人口最少，但贫困发生率最高(图2.15)。

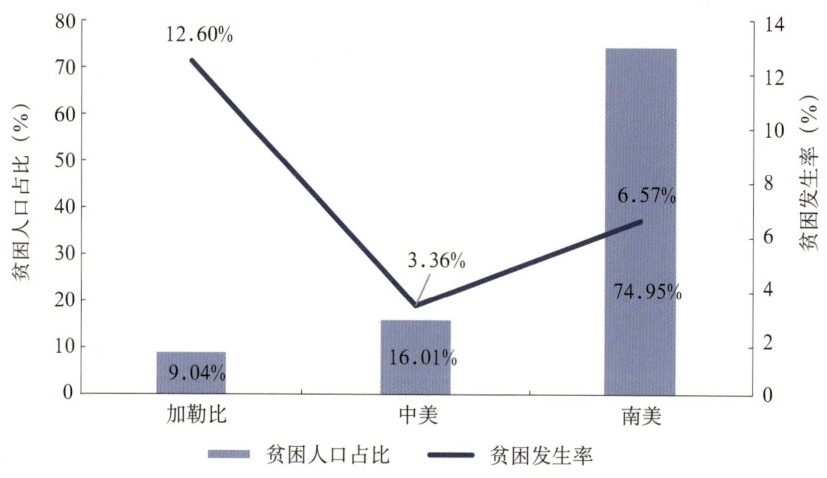

图2.15　2020年拉丁美洲和加勒比的贫困现状

数据来源：根据*Sustainable Development Report 2021*整理得到。

总体而言，拉丁美洲和加勒比地区贫困的主要特点是：第一，收入对贫困有重要影响，但不是决定性因素。一国的地理位置和政治环境影响其贫困情况。巴拿马依靠巴拿马运河带来的交通便利，极大地发展了自身经济，人均国民收入逐年提升，贫困发生率稳步下降。受教育年限和预期寿命同样影响贫困发生率。第二，经济基础薄弱，返贫现象突出。过去20年，有7个国家出现收入分组下调的情况。受新冠肺炎疫情影响，有统计数据的26个拉丁美洲和加勒比国家中，24个国家2020年的贫困发生率有不同程度的升高，整体减贫进程受阻，脱贫成果受到侵蚀。

2.多维贫困

为更深入了解拉丁美洲和加勒比地区的贫困现状，本部分分析该地区的多维贫困指数及其分指标。拉丁美洲和加勒比国家的多维贫困情况如表2.9所示。

表2.9　拉丁美洲和加勒比国家的多维贫困情况

国家	国家代码	年份	MPI	多维贫困发生率（%）	多维贫困深度（%）
高收入国家					
特立尼达和多巴哥	TTO	2011	0.00	0.64	37.98
巴巴多斯	BRB	2012	0.01	2.49	34.23
中高收入国家					
古巴	CUB	2017	0.00	0.44	36.85
圣卢西亚	LCA	2012	0.01	1.92	37.49
苏里南	SUR	2018	0.01	2.85	39.36
圭亚那	GUY	2014	0.01	3.37	41.81
多米尼克	DOM	2014	0.02	3.88	38.93
巴西	BRA	2015	0.02	3.84	42.55
牙买加	JAM	2014	0.02	4.69	38.73
厄瓜多尔	ECU	2013—2014	0.02	4.58	39.88
巴拉圭	PRY	2016	0.02	4.50	41.88
哥伦比亚	COL	2015—2016	0.02	4.85	40.56
墨西哥	MEX	2016	0.03	6.56	39.02
秘鲁	PER	2018	0.03	7.37	39.59
危地马拉	GTM	2014—2015	0.13	28.88	46.23
中低收入国家					
伯利兹	BLZ	2015—2016	0.02	4.30	39.76
萨尔瓦多	SLV	2014	0.03	7.86	41.30
尼加拉瓜	NIC	2011—2012	0.07	16.26	45.20
洪都拉斯	HND	2011—2012	0.09	19.30	46.38
玻利维亚	BOL	2008	0.09	20.40	45.96
海地	HTI	2016—2017	0.20	41.27	48.36

数据来源：根据*Global Multidimensional Poverty Index 2020*整理得到。

高收入国家中，特立尼达和多巴哥、巴巴多斯的MPI分别是0.00和0.01，多维贫困发生率分别为0.64%和2.49%，均低于世界银行的减贫目标。13个中高收入国家的MPI均小于0.2。其中，古巴的多维贫困发生率最低（0.44%），危地马拉的多维贫困发生率最高（28.88%）。6个中低收入国家MPI的差异较大。除了危地马拉和海地的MPI在0.1～0.2，拉丁美洲和加勒比地区其他国家的MPI均低于0.1；危地马拉、尼加拉瓜、洪都拉斯、玻利维亚和海地的多维贫困发生率超过15%，其他国家小于10%。整体上，拉丁美洲和加勒比地区的多维贫困情况较好，多维贫困发生率较低，但各收入组国家的多维贫困发生率存在较大的组内差异。

对比多维贫困发生率和1.9美元标准贫困发生率，大部分国家的多维贫困发生率高于1.9美元标准贫困发生率（图2.16）。中低收入和低收入国家两个贫困发生率相应要高于高收入和中高收入国家。由此可见，拉丁美洲和加勒比地区的贫困问题不只来自收入水平低，也来自教育、医疗和卫生等多维贫困。

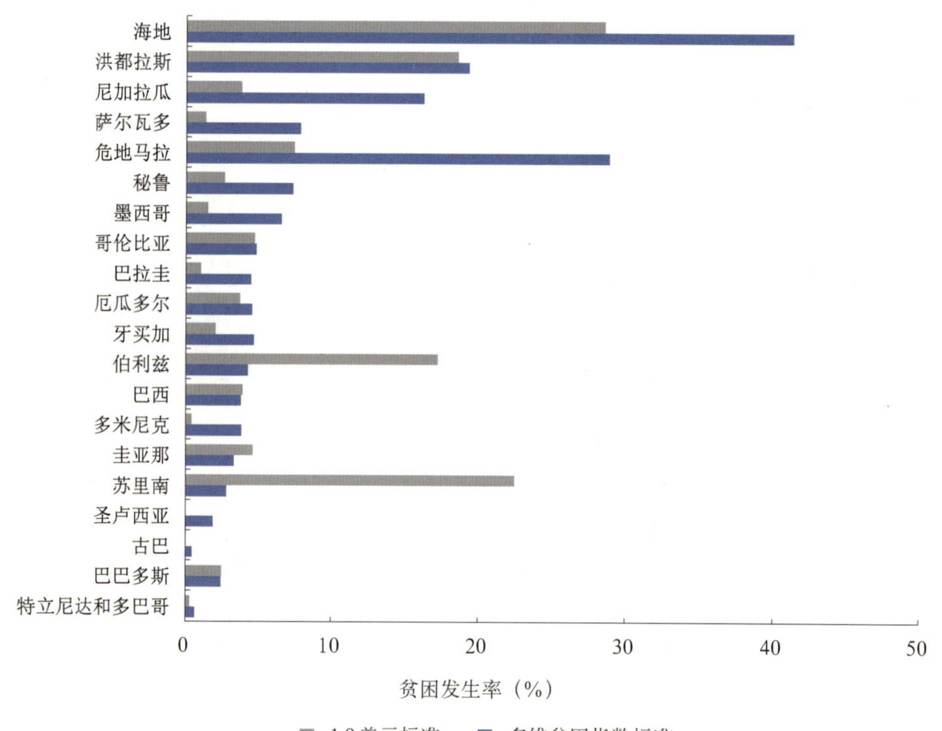

图2.16　拉丁美洲和加勒比国家不同贫困标准的比较

资料来源：整理自《2020年全球多维贫困指数》和《2021年可持续发展报告》。

（三）拉丁美洲和加勒比的减贫进展

1.贫困变化

按照世界银行1.9美元标准，21世纪初期，拉丁美洲和加勒比地区大部分中低收入国家的贫困发生率较高。通过20年的努力，大部分中低收入国家的贫困发生率有明显下降，减贫成果显著。2020年，新冠肺炎疫情延缓了中低收入国家的减贫进程。

过去20年，中低收入国家减贫成绩卓著（图2.17）。6个中低收入国家中，海地、尼加拉瓜、萨尔瓦多和玻利维亚的减贫持续性较好。而伯利兹的贫困发生率在过去20年没有明显变化，反而受新冠肺炎疫情冲击，贫困发生率升至18.85%，创20年新高。洪都拉斯在21世纪前10年，贫困发生率有明显降低，从2001年的21.91%逐步降至2010年的15.56%，但金融危机后由于自身工业基础薄弱，犯罪频发拖累经济发展，导致近10年贫困发生率没有明显变化，新冠肺炎疫情暴发后，洪都拉斯的贫困发生率升至19.28%。

图2.17　2001—2020年拉丁美洲和加勒比中低收入国家的贫困发生率

数据来源：根据PovcalNet（在线分析工具http://iresearch.worldbank.org/PovcalNet/）和*Sustainable Development Report 2021*的数据绘制。

注：2001—2019年数据取自PovacalNet数据库，2020年数据取自*Sustainable Development Report 2021*。

2.与减贫相关的进展

2001—2019年拉丁美洲和加勒比国家在基本饮用水、用电和基本卫生服务三方面的覆盖工作取得进步（表2.10）。

表2.10　2001—2019年拉丁美洲和加勒比地区中、低收入国家的基础设施和服务进展

单位：%

国家	国家代码	基本饮用水覆盖率		用电人口比率		基本卫生服务覆盖率	
		2001年	2017年	2001年	2019年	2001年	2019年
中高收入国家							
古巴	CUB	93.16	95.33	96.22	99.80	87.16	92.81
多米尼加	DOM	93.75	96.50*	82.31	100.00	78.06	83.89*
多米尼克	DMA	90.27	96.69	89.79	100.00	65.29	77.89
格林纳达	GRD	93.54	95.63	86.33	95.43	90.02	91.49
牙买加	JAM	93.28	90.65	87.71	99.38	82.11	87.31
哥斯达黎加	CRI	94.61	99.70	98.25	99.71	93.51	97.82
危地马拉	GTM	86.28	94.19	73.75	95.72	63.49	65.06
墨西哥	MEX	89.76	99.32	97.14	100.00	76.21	91.18
巴拿马	PAN	88.88	96.38	81.45	95.83	62.15	83.32
阿根廷	ARG	96.46	99.08**	95.51	100.00	87.54	94.26**
巴西	BRA	93.96	98.19	96.02	99.80	73.83	88.29
哥伦比亚	COL	91.37	97.30	98.47	99.77	72.65	89.63
厄瓜多尔	ECU	83.08	93.99	93.89	100.00	70.76	87.99
圭亚那	GUY	88.38	95.54	75.10	92.02	79.33	85.76
秘鲁	PER	81.39	91.13	72.11	98.35	64.94	74.34
巴拉圭	PRY	77.07	99.61	91.04	100.00	71.66	89.78
苏里南	SUR	89.91	95.42	95.40	97.89	79.53	84.46
委内瑞拉	VEN	96.60	95.72	99.90	100.00	92.54***	93.94
中低收入国家							
海地	HTI	57.06	65.47	31.54	45.37	17.84	34.70
伯利兹	BLZ	88.08	97.99	80.20	92.72	82.76	87.86
洪都拉斯	HND	85.43	94.83	64.20	92.78	63.82	81.25
尼加拉瓜	NIC	81.21	81.52	72.22	88.21	59.37	74.43
萨尔瓦多	SLV	77.99	97.39	87.06	100.00	83.29	87.43
玻利维亚	BOL	80.39	92.85	69.26	96.30	35.61	60.72

数据来源：根据世界银行World Development Indicators的数据（更新时间：2021年7月）整理。

注：*表示数据取自2015年，**表示数据取自2016年，***表示数据取自2005年。

基本饮用水方面，高收入和中高收入国家的覆盖率都超过90%。除海地和尼加拉瓜外，其他中低收入国家的基本饮用水覆盖率在90%以上。海地的基本饮用水覆盖率不足70%，仍有较大提升空间。有统计数据的30个拉丁美洲和加勒比国家中，28个国家的用电人口占比超过90%。值得注意的是，2001—2019年，危地马拉、巴拿马、圭亚那、秘鲁、伯利兹、洪都拉斯、萨尔瓦多和尼加拉瓜等国家的用电人口占比明显提升。2019年海地的用电人口仍不到一半，存在较大提升空间。基本卫生服务是居民健康的有效保障。高收入国家基本实现卫生服务全覆盖。中高收入国家的基本卫生服务也取得一定进步。除海地和玻利维亚以外，其他中低收入国家的基本卫生服务覆盖率超过70%。海地和玻利维亚的基本卫生服务覆盖率分别为34.70%和60.72%，仍有较大提升空间。

从麻疹、百白破和乙肝疫苗接种进展来看，拉丁美洲和加勒比地区绝大多数国家三种疫苗的接种率都超过80%。拉丁美洲和加勒比地区各国的麻疹和百白破疫苗接种率普遍较高，乙肝疫苗接种率较低。2001—2019年，拉丁美洲和加勒比地区各国在孕产妇和儿童健康方面也取得显著进展。

教育和医疗是两大民生问题，良好的教育能够有效阻断代际贫困，是一国经济发展的基础。良好的医疗能够保证工人的健康，延长工作时间，创造更多财富。一个国家政府越重视教育和医疗，在教育和医疗领域投入越多，基础医疗覆盖越广，其贫困发生率往往越低（图2.18）。2018年，海地政府在教育和医疗行业投入占GDP比重为3.7%，贫困发生率为28.56%；牙买加政府2018年在教育和医疗行业投入占GDP比重为31.06%，贫困发生率为2.76%。

国民获取信息的渠道对减贫同样重要。互联网的迅速发展能够给当地民众带来更多的就业、创业机会，助力减贫进程开展。互联网的普及也能够帮助外界更好地探清当地贫困状况，有针对性地实施国际援助。数据显示，一个国家利用互联网人数越多，移动宽带订阅人数越多，其贫困发生率越低（图2.19）。

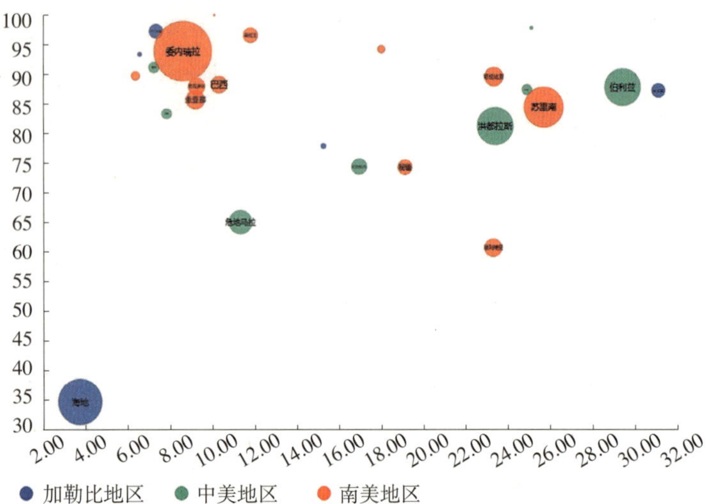

图 2.18　2001—2020 年中低收入国家的教育医疗投入、基本卫生与贫困发生率（单位：%）

数据来源：根据*Sustainable Development Report 2021*和世界银行 World Development Indicators 的数据（更新时间：2021 年 7 月）绘制得到。

注：横轴表示政府教育和医疗投入占 GDP 比重，取自 2018 年数据；纵轴表示基本卫生医疗覆盖率，取自 2019 年数据；气泡大小表示世界银行 1.9 美元标准的贫困发生率，取自 2020 年数据。其中，伯利兹、洪都拉斯、苏里南和玻利维亚的政府教育和医疗投入占 GDP 比重数据分别取自 2017 年、2015 年、2011 年和 2007 年。

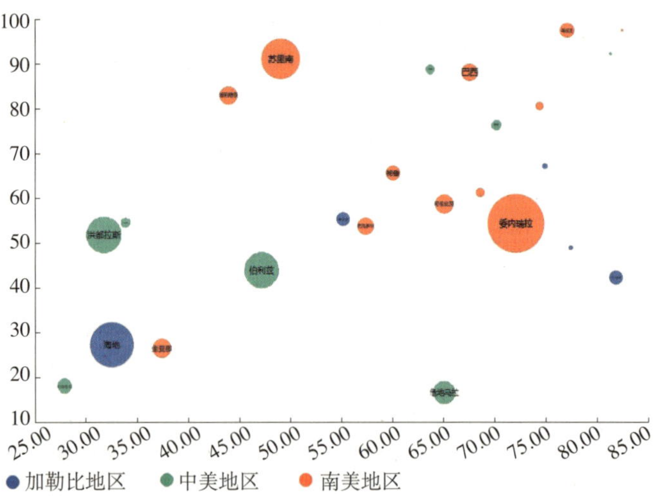

图 2.19　拉丁美洲和加勒比地区互联网利用情况及其贫困发生率（单位：%）

数据来源：根据世界银行 World Development Indicators 的数据（更新时间：2021 年 7 月）整理。

注：横轴表示互联网利用率，取自 2019 年数据；纵轴表示移动宽带订阅人数占比，取自 2018 年数据；气泡大小表示世界银行 1.9 美元标准的贫困发生率，取自 2020 年数据。

（四）拉丁美洲和加勒比的减贫经验与挑战

拉丁美洲和加勒比地区的脱贫进程反反复复，需要提高减贫成果的稳固性，未来减贫工作仍面临重重挑战。

1.拉丁美洲和加勒比的减贫经验

（1）“有条件现金转移支付”是减贫的主要手段。从20世纪90年代起，拉美不断探索缓解贫困的各种措施和方法。值得肯定的是，拉美各国摆脱了以往社会救助的传统方法，将减贫和促进人力资源发展结合起来，将减少当前贫困和未来贫困结合起来，首创了“有条件现金转移支付”（简称CCTs）。CCTs的主要目的不是为贫困人口提供达到贫困线或赤贫线的待遇，而是缩小贫困人口收入与两条线（赤贫线与贫困线）之间的差距。因此，CCTs在一定程度上降低了贫困发生率，但并不明显，其更大的作用体现在减少赤贫和缩小贫困缺口方面。然而，在评价CCTs的积极作用时，不能仅仅从减贫的角度出发，CCTs在设计制度时，提到了“有条件的”转移，这个“有条件的”是指只有贫困家庭满足了一定的教育、健康和卫生方面的要求时，才可以领取该待遇。因此，也要从促进健康、改善营养和发展教育等领域研究CCTs的积极作用。在教育方面，CCTs有力地提高了拉美地区的受教育水平。在健康方面，CCTs依然发挥了积极的作用，特别是在预防性检查和免疫方面。墨西哥参与“进步”计划的社区人口对公共健康体检的使用率要比计划外的社区高。在营养方面，CCTs并没有设定专门的条件和前提，但通常会给相关家庭一些建议，从而有助于这些家庭改善营养状况。此外，CCTs还有助于降低儿童患病率和死亡率。

（2）就业促进政策成为减贫的重要补充手段。除了在转移支付和再分配等二次分配上不断进行创新以外，拉美国家还将更多的目光放在初次分配上。例如，积极促进就业、扩大再就业，降低失业率，提高贫困家庭的收入，进而实现减贫的目的。进入21世纪以来，拉美各国主要从劳动力供给、劳动力需求和劳动中介服务等三个方面实施促进就业的政策。在劳动力供给方面，就业促进政策主要面向赤贫人口、贫困人口和濒贫人口，主要措施包括职业技术培训和二次教育，其主要目标是使上述三个群体获得一定的职业技能。在劳动力需求方面，就业促进政策主要包括支持自主创业、直接创造工作岗位和间接提供工作岗位。劳动中介服务方面主要是在劳动力供给和需求之间搭一座桥梁，旨在更好地促进就业。

（3）“反周期性”措施缩小收入分配差距。作为拉美国家通过财政转移支付减贫的主要制度创新之一，CCTs在应对“增长性贫困”时更能体现出社会支出的“反周期性”特征，并显示出较强的政策干预痕迹。在经济低迷时，CCTs将更多的贫困人口纳入进来，发挥了社会政策的减贫作用。拉美国家这些“反周期性”措施，如“有条件现金转移支付”对缩小收入分配差距起到了积极作用。

（4）拉美地区绝大多数国家的“增长性贫困”特征明显。在拉美现代化和城市化过程中，贫困问题如影随形。当经济处于低速增长或发生较大波动时，贫困发生率降幅减小，甚至迅速上升。只有当经济增长达到一定水平时，贫困发生率才会出现持续下降，而拉美贫困面对经济衰退或波动时却非常敏感，一旦经济增长出现下滑或波动，贫困发生率会立刻反弹。拉美经委会的资料分析显示，增长因素和分配因素对贫困发生率均有较大影响，但相对而言，增长因素的作用更大。经济增长可以降低失业率，家庭收入增加，进而贫困发生率降低。只有当经济发展到一定水平时，失业率才可能降低，从而真正实现减贫目标。

2.拉丁美洲和加勒比的减贫挑战

不完善的社会保障制度是导致拉美贫困的重要原因。自20世纪80年代初，智利首创并建立缴费确定型（简称DC型）完全积累制养老保险制度后，其他拉美国家纷纷效法，十几个国家先后从待遇确定型（DB型）现收现付制转型为DC型完全积累制。目前来看，并未完全达到制度建立之初设置的一些目标，尤其是覆盖率较低，甚至有些国家的覆盖率还低于改革前。这些问题显然降低了社会保障制度的减贫效果。而社保低覆盖率总是与高贫困发生率相联系，社会保障覆盖率较高的国家，其贫困水平通常较低。社会保障并未发挥对低收入群体的减贫作用。由于缴费能力低下等种种原因，虽然低收入群体最需要社会保障，但往往却没有参加社会保障，或即使参加了也没有正常缴费，致使这个群体大部分人形成恶性循环。相比之下，高收入组里未缴费人口比重则很低。一般来说，低收入群体的就业均在非正规部门，这是导致其收入水平较低的重要原因之一，也是社会保障覆盖率低的重要原因之一。

社会支出的“顺周期性”不利于减贫。经验数据显示，真正缓解拉美地区赤贫以及收入分配不公的关键在很大程度上要依赖社会支出，即经济增长时财政收入增加，此时很多国家将增加社会支出，致使贫困发生率下降。拉美国家社会支出的“顺周期性”特征意味着，经济低迷导致政府财政收入减少，从而社会支出水平降低，贫困发生率和赤贫率水平提高。因此，拉美国家财政的反周期作用受到较大限制，这也是造成“增长性贫困”的主要原因之一。

收入分配不公平影响减贫效果。收入分配不公平在一定程度上总是和贫困相关联。拉美最贫困的国家通常基尼系数较高，如危地马拉和洪都拉斯。危地马拉的贫困发生率水平在拉美地区仅次于洪都拉斯，其基尼系数也处于这样的排位状态。收入分配差距过大将降低贫困对经济增长的弹性，即当经济低迷时，减贫效果不明显。换言之，收入分配状况将影响经济发展惠及贫困人口的程度。

“有条件现金转移支付计划”对减贫的影响总体而言是积极的，但在计划制定、实施过程中仍存在一些不足，如覆盖范围不足、相关机制精准度有待提高等。CCTs 中的大多数计划是以现金援助的方式实现，这种方式往往会造成一些负面影响，如通货膨胀、商品价格上涨以及私人现金被压制等。贫困发生率的提高可能间接提高犯罪率，巨大的贫富差距使得贫困人群出现心理落差，导致一系列社会问题，进而影响经济发展质量。可见，拉美国家的减贫之路还很长，与其经济改革一样，减贫政策仍有待进一步完善。

拉美减贫取得了历史性的进步，某种程度上缓解了不平等现象，在短期内对绝对贫困的治理颇有成效。无论是顺周期还是逆周期，绝对贫困暂时得以缓解，根深蒂固的相对贫困却难以消除。不平等的社会结构最终使不断产生的相对贫困发展成严重的绝对贫困，使相对贫困成为绝对贫困源源不断的蓄水池。目前，拉丁美洲的贫困本质没有改变，贫困人群不仅仅限于工人，而且包括农民、非正规行业人群、失业人员、没有被登记注册的“隐形人”等各个底层阶级，阶层更加碎片化。拉美十几年协同融合的减贫战略，虽努力摆脱经济周期的限制，小有成效，然囿于量的变化，未达质的飞跃。

四、北美洲

北美洲位于西半球北部，是全球经济第二发达的大洲，根据联合国地理区域划分标准，北美洲有2个国家（美国和加拿大）和3个地区（百慕大、格陵兰、圣皮埃尔和米克隆）。2020年，美国有3.29亿人，仅次于中国和印度，是世界第三人口大国；加拿大有3 800万人[①]，位居美洲第六位。美国和加拿大都属于发达国家，是G7集团成员国，具有极高的经济发展水平和人类发展指数。

（一）北美洲的社会经济状况

2001—2013年，加拿大的人均国民收入快速增加，截至2013年接近美国的人均国民收入，然而此后加拿大经济增长放缓，人均国民收入下降，而美国的人均国民收入从2001年的36 710美元持续增加到2019年的65 910美元（图2.20）。

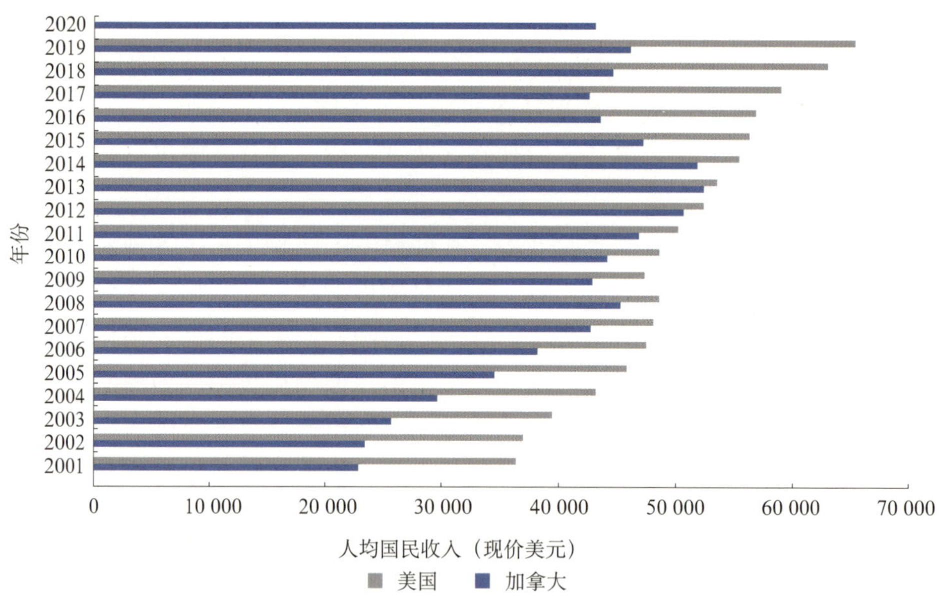

图2.20　2001—2020年加拿大和美国的人均国民收入

数据来源：根据世界银行World Development Indicators的数据（更新时间：2021年7月）绘制。

① 数据来源：世界银行World Development Indicators数据库。

根据《人类发展报告2020》，2019年加拿大和美国的人类发展指数分别为0.929和0.926，位列189个国家或地区的第16位和第17位，都具有极高的人类发展水平。分指标来看，2019年加拿大的出生时预期寿命、至少接受过中等教育的人口比重以及劳动力市场参与率均高于美国，而美国的预期受教育年限比加拿大略高。按照时间来看，加拿大的人类发展水平增速比美国高，因此后来居上。加拿大和美国的人类发展指数在1990—2000年的年均增速分别为0.20%和0.24%，2000—2010年分别为0.39%和0.33%，2010—2019年分别为0.34%和0.12%。极高的经济发展水平和人类发展水平将为加拿大和美国的减贫工作提供良好的条件和基础。

（二）北美洲的贫困现状

1.绝对贫困

按照世界银行3.2美元标准，2020年加拿大的贫困发生率为0.31%，贫困人口为12万人，美国的贫困发生率为0.52%，贫困人口为171万人[①]。整体上，从绝对贫困看，美国和加拿大这两个发达国家的贫困发生率低、贫困人口数量少。

2.相对贫困

不同于中、低收入国家，发达国家的贫困主要表现为相对贫困。2018年8月，加拿大就业和社会发展部发布了加拿大首个减贫战略*Opportunity for All—Canada's First Poverty Reduction Strategy*，引入包含尊严、机会和包容，以及弹性和安全性三个方面的12个指标，跟踪深度收入贫困以及收入以外贫困方面的进展[②]。该战略建立市场篮子措施或MBM[③]作为加拿大的官方贫困线。按照加拿大官方贫困线，2019年加拿大的贫困发生率为10.1%，贫困人口379.7万人。其中，5%的加拿大人生活在深度收入贫困[④]中，12.1%的加拿大人的收入不到税后收入中位数的一半。

美国联邦政府衡量贫困的主要方法是：官方贫困衡量标准（OPM）和

---

① 根据*Sustainable Development Report 2021*数据计算得到。

② 资料来源：https://www.statcan.gc.ca/eng/topics-start/poverty。

③ 低收入的市场篮子衡量标准（MBM）根据代表适度、基本生活水平的个人和家庭的一篮子食物、衣服、住所、交通和其他物品的成本，制定贫困阈值。MBM为加拿大50个地区提供贫困线，代表适度、基本的生活标准随时间而改变，大概5年更新一次。

④ 深度收入贫困是指家庭可支配收入低于加拿大官方贫困线的75%。

补充贫困衡量标准（SPM）。美国人口普查局基于家庭规模，制定年收入水平[①]的贫困阈值（OPM）。根据美国人口普查局统计，2019年美国整体贫困发生率为10.5%，约3 400万人处于贫困状态；按年龄看，老年人的贫困发生率为8.9%，低于整体水平，儿童贫困发生率为14.4%，约1/6的儿童处于贫困状态；按种族看，贫困发生率存在种族差异，黑人的贫困发生率（18.8%）最高，非西班牙裔白人的贫困发生率（7.3%）最低；按婚姻状况看，已婚夫妇家庭贫困发生率（4.0%）最低，单亲母亲家庭贫困发生率（22.2%）最高；按教育程度看，个人的教育水平对贫困有巨大影响，25岁以上没有高中文凭的成年人贫困发生率为23.7%，而拥有大学学位的成年人贫困发生率仅为3.9%[②]。

（三）北美洲的减贫进展

1.贫困变化

（1）加拿大。按照世界银行3.2美元和5.5美元标准，自2004年以来，加拿大贫困发生率分别维持在0.5%和0.7%，绝对贫困发生率低。按照加拿大官方贫困线标准，2015年以来，贫困发生率和贫困人口数量均在下降（图2.21）。

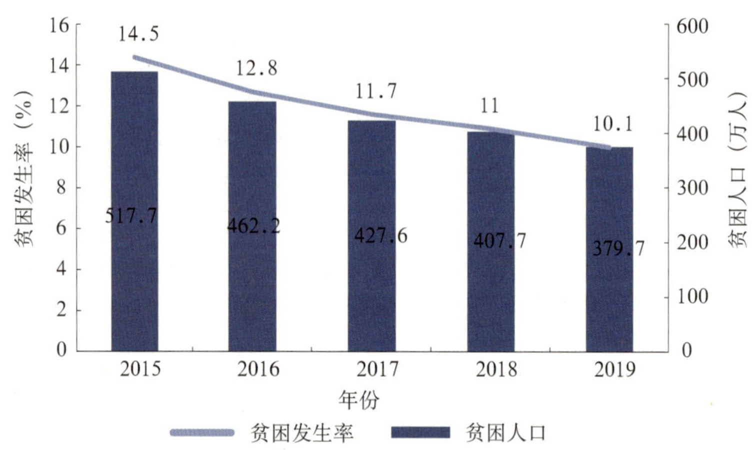

图2.21　2015—2019年加拿大官方贫困发生率与贫困人口

数据来源：加拿大统计局（https://www150.statcan.gc.ca/n1/pub/11-627-m/11-627-m2021010-eng.htm）。

① 这里的收入是指税前的工资、薪金、自雇和投资收入，包括社会保障金和失业金，但不包括任何非现金福利，比如SNAP、住房援助和EITC等福利。考虑各种援助后，实际贫困发生率可能不足3%。

② 资料来源：http://www.federalsafetynet.com/us-poverty-statistics.html。

2015—2019年，加拿大官方贫困发生率从14.5%下降到10.1%，贫困人口从517.7万人下降到379.7万人。与2015年相比，2019年加拿大官方贫困发生率降低了30.34%，贫困人口减少了26.66%，提前完成《所有人的机会：加拿大的第一个减贫战略》提出的“2020年贫困降低20%的目标”，然而受新冠肺炎疫情影响，2020年的减贫进程面临严峻挑战。

（2）美国。按照世界银行3.2美元和5.5美元标准，自2003年以来，美国贫困发生率分别维持在1.2%和1.7%，绝对贫困发生率比加拿大高，但整体上看贫困发生率仍然较低。按照美国官方贫困线标准，2010年以来，贫困发生率和贫困人口数量也有所下降（图2.22）。

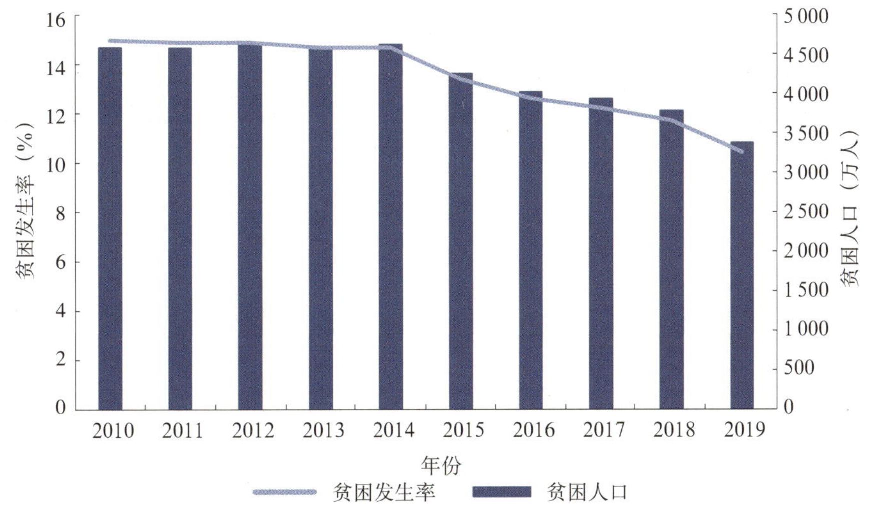

图2.22　2010—2019年美国官方贫困发生率与贫困人口

数据来源：联邦安全网（http://www.federalsafetynet.com/us-poverty-statistics.html）。

2010—2014年美国官方贫困发生率缓慢下降，从15.1%降至14.8%，由于总人口的增长，贫困人口小幅增加；2015—2019年贫困发生率不断下降，从13.5%降至10.5%，贫困人口从4 293万人降至3 400万人。自1959年有贫困报告以来，2019年贫困发生率创历史新低。

2.与减贫相关的进展

（1）加拿大。按照加拿大官方贫困标准，2015—2019年不同群体的贫困发生率均降低（表2.11），女性单亲家庭中18岁以下人群的贫困发生率降幅最大（9.6个百分点），其次是非经济家庭人群（6.7个百分点）和18岁以下人群（6.7个百分点）。2015年以来，加拿大政府利用免税帮助中低收入家庭支付抚养孩子费用的加拿大儿童福利、通过税收减免补充低收入工人收入的加拿大工人福利等福利政策，有效地降低了特殊群体的贫困发生率。分家庭看，经济家庭人群贫困发生率远低于非经济家庭人群；分年龄看，65岁以上人群贫困发生率最低，18 ～ 64岁人群贫困发生率最高。总的来看，经济家庭中65岁以上人群贫困发生率最低，这与加拿大老年保障养老金（OAS）、保证收入补助金（GIS）等对老年人完善的生活保障密不可分。

表2.11　2015—2019年加拿大官方贫困标准下细分群体的贫困发生率

单位：%

类别	2015年	2016年	2017年	2018年	2019年
18岁以下人群	16.4	14.0	11.6	10.8	9.7
18 ～ 64岁人群	15.7	14.0	13.2	12.5	11.6
65岁以上人群	7.0	7.0	6.0	5.6	5.4
经济家庭人群	11.0	9.5	8.5	7.6	7.1
经济家庭中18岁以下人群	16.3	13.9	11.5	10.6	9.6
经济家庭中65岁以上人群	3.3	3.5	3.3	2.7	2.8
有孩子的夫妇家庭中18岁以下人群	13.4	10.2	8.9	8.0	7.2
女性单亲家庭中18岁以下人群	39.4	41.9	33.5	31.7	29.8
非经济家庭人群	32.9	30.8	28.7	29.0	26.2
非经济家庭中65岁以下人群	38.9	36.4	35.3	35.7	32.9
非经济家庭中65岁以上人群	17.0	16.4	13.0	13.4	11.7

数据来源：加拿大统计局（https://www.statcan.gc.ca/eng/start）。

注：经济家庭是指两个或两个以上居住在同一住所的人组成的群体，他们通过血缘关系、婚姻关系、普通法、收养关系或寄养关系相互联系。

按照税后收入低于调整后家庭收入中位数50%的标准，2010—2014年加拿大低收入人口占比没有明显变化，2015—2019年无论分性别还是总体来看，加拿大低收入人群占比均呈持续下降趋势，女性人群的低收入比例高于男性（图2.23）。

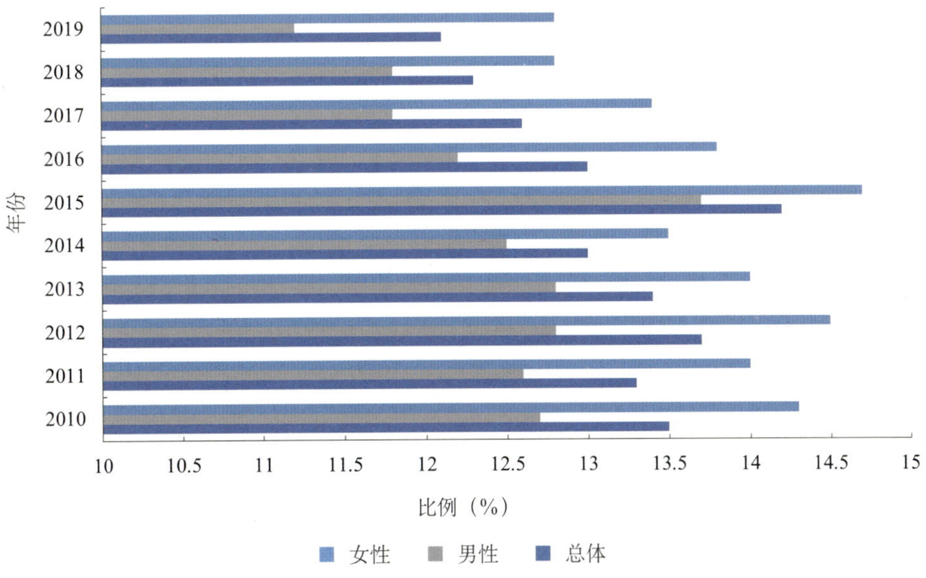

图2.23　2010—2019年加拿大低收入人群比例
数据来源：加拿大统计局（https://www.statcan.gc.ca/eng/start）。

2021年3月，加拿大统计局最新公布的加拿大官方贫困仪表盘显示，“所有人的机会”因素的指标5降8升[①]。2019年，5.0%的加拿大人生活在深度收入贫困中，低于2018年的5.4%；12.1%的加拿大人处于相对低收入状态，略低于2018年的12.3%。2020年加拿大雇员的时薪中位数为25.50美元，高于2019年的24.18美元。2019年，平均贫困差距为33.0%，略低于2018年的33.4%。2017年非低收入的纳税申报人中有3.9%在2018年进入低收入人群，同时2017年处于低收入状态的纳税申报人中有28.1%在2018年摆脱低收入状态。整体上，近3年加拿大人的贫困状态有所改善。然而，受新冠肺炎疫情影响，2020年，11.7%的加拿大青年（15 ~ 24岁）没有就业、教育或培训，高于2019年的9.5%。

（2）美国。与加拿大相似，美国经济发展水平高，基本生活条件和设施完善，从水、电和清洁烹饪等方面看，几乎都接近或已达到100%，远高于全球平均水平。数字经济时代，互联网技术快速发展，美国固定宽带、移动电话和互联网快速发展（图2.24）。

① 数据来源：加拿大统计局（https://www.statcan.gc.ca/eng/start）。

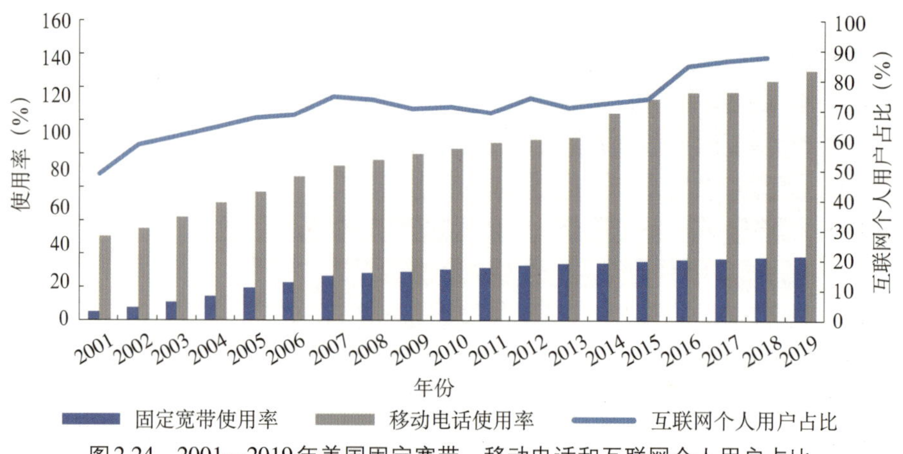

图2.24　2001—2019年美国固定宽带、移动电话和互联网个人用户占比

数据来源：根据世界银行World Development Indicators的数据整理。

2001—2019年，美国固定宽带、移动电话和互联网个人用户比重增长。2019年固定宽带用户占总人数的34.72%，是全球平均水平（15.67%）的两倍多，移动电话用户比重高达134.46%。2018年互联网个人用户占总人口的比重为88.50%，比高收入国家的平均水平（87.22%）高1.28个百分点，远远领先中、低收入国家。

医院是现代卫生系统最重要的基石之一。2001—2016年，美国每千人床位数减少（图2.25），2017年有所回升。虽然床位数降低有多方面因素，但是新冠肺炎疫情使美国医疗系统面临巨大挑战。

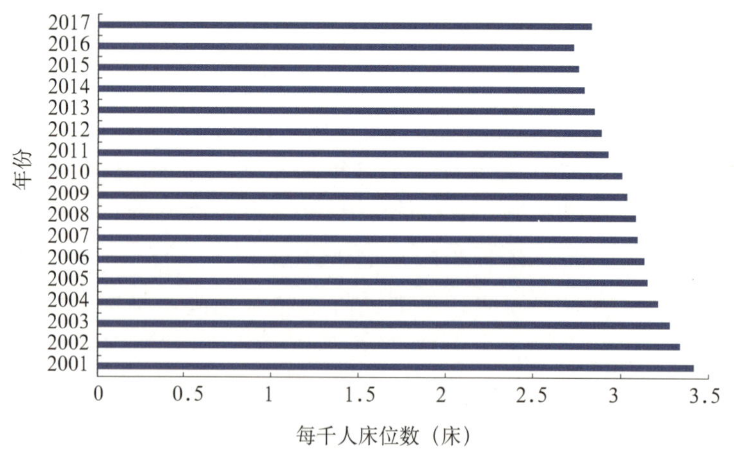

图2.25　2001—2017年美国医院床位数

数据来源：根据世界银行World Development Indicators的数据（更新时间：2021年7月）整理。

（四）北美洲的减贫经验与挑战

位于北美洲的美国和加拿大都是典型的西方发达国家，贫困特征相似：第一，绝对贫困发生率较低，且相对稳定；第二，相对贫困在不同年龄、婚姻状态、种族、城乡和区域之间存在结构性差异。北美国家在减贫方面积累了一些经验，已形成以保障性福利减贫项目为主，区域开发政策为辅，政府、企业和社会组织广泛参与，覆盖重点区域和重点人群的减贫政策体系，但也面临新的挑战。

近年来，美国和加拿大在减贫方面都取得了较大进展，但按照官方贫困线，2019年加拿大和美国的贫困发生率都超过10%，分别有379.7万人和3 400万人处于贫困状态。令人担忧的是，新冠肺炎疫情大流行和相关的经济影响，使个人和家庭面临更大的贫困风险。由于新冠肺炎疫情持续的经济影响，2020年下半年美国贫困发生率上升了2.4个百分点，这一增幅几乎是20世纪60年代以来最大年度贫困发生率升幅的两倍。这意味着全国范围内又增加了贫困人口800万人。此外，据估计，美国黑人的贫困发生率上升了5.4个百分点，增加了240万人。截至2021年5月，超过900万美国人失业，1 900万成年人和多达800万儿童面临粮食不安全的问题，超过1 000万租房者拖欠租金。2020年8月，加拿大年轻人的失业率为23.1%，是2020年2月的两倍多。

儿童、单亲母亲、活动受限人群和有色人种的贫困问题突出，族裔差异持续存在，黑人和拉丁裔居民的贫困发生率依然远远高于其他主要族裔。截至2019年，美国21%的西班牙裔儿童和26%的黑人儿童被认为处于贫困状态，是亚裔（7%）或非西班牙裔白人儿童（8%）的三倍，有色人种社区和其他服务不足的家庭在大流行和随后的经济衰退中受到的打击尤其严重，黑人、原住民和拉丁裔社区的感染率、住院率、死亡率和失业率都更高。虽然迄今为止美国仍然是世界上最大的经济体，人均收入属于较高水平，但是贫富差距仍然巨大。

新冠肺炎疫情对加拿大不同人群的影响不均衡，尤其是妇女、青年、新移民、有色人种和低工资工人，受新冠肺炎疫情影响最严重的部门（包括食品和住宿服务）中，少数族裔的人数较多，导致失业率居高不下。

贫困分布呈区域非均衡特征。2018—2019年，在美国不同州的贫困发生率存在较大差异，密西西比州的贫困发生率（19.4%）约为新罕布什尔州（4.9%）的4倍。贫困发生率较高的地区，通常住房条件比较恶劣，工作机会较少，犯罪率也比较高。相对而言，加拿大贫困发生率的区域差异更小。对于整体落后和贫困地区，美国政府主要通过税收、政府合同、产业政策等方式进行开发式扶贫，促进落后地区经济发展。例如，联邦和州政府出台了一系列法案，如《地区再开发法》《联邦受援区和受援社区计划》等，通过财政援助、税收减免、信贷优惠、水电费用减免、工人培训补贴等组合式激励手段促进贫困地区产业发展，制定出台针对贫困地区小企业发展的特殊优惠政策，加大对落后地区基础设施的投入，出台专门的区域规划法案并建立区域协调管理机制，对重点贫困区域进行综合开发与管理。

社会保障有待细化和深入。自2010年以来，美国《平价医疗法案》（ACA）已经扩大了数百万美国人，尤其是那些有既往疾病患者获得高质量、负担得起的医疗保险。然而，12个州仍然拒绝扩大其医疗补助计划，这为已经处于贫困边缘的家庭带来沉重负担。扩大医疗补助不仅意味着提供医疗保健，还将为人们提供财务保护，避免意外医疗费用，并使有限的家庭收入满足其他基本需求，比如房租和食物。新冠肺炎疫情大流行9个月后，每天约有1 000名美国人死于新冠病毒。由于裁员和失去雇主赞助的健康保险，数百万人没有保险。非缴费型养老金计划是影响老年贫困发生率的重要因素。虽然美国和加拿大都建立了非缴费型养老金计划，但是美国老年贫困发生率是发达国家中最高的，而加拿大却是最低的国家之一。在制度设计上，美国补充收入保障计划（SSI）是家计调查型，而加拿大老年保障计划（OAS）基本养老金是普惠制，在此基础上加拿大还建有收入调查型的保证收入补贴计划（GIS）予以补充。

五、大洋洲

根据联合国地理区域划分标准，大洋洲共有16个国家：澳大利亚、巴布亚新几内亚、斐济、基里巴斯、库克群岛、马绍尔群岛、密克罗尼西亚联邦、瑙鲁、纽埃、帕劳、萨摩亚、所罗门群岛、汤加、图瓦卢、瓦努阿图、新西兰。

（一）大洋洲的社会经济状况

1.人均国民收入

按照世界银行的收入划分标准，2020年大洋洲14个国家中（暂无库克群岛和纽埃的数据）有4个高收入国家（澳大利亚、新西兰、瑙鲁、帕劳），4个中高收入国家（斐济、马绍尔群岛、汤加、图瓦卢），6个中低收入国家（巴布亚新几内亚、所罗门群岛、瓦努阿图、密克罗尼西亚联邦、基里巴斯、萨摩亚）。

最近10年，大洋洲国家已脱离低收入国家行列，部分国家从中低收入国家转变为中高收入国家，总体趋势向好，但也有个例（表2.12）。2020年，萨摩亚的人均国民收入由2019年的4 200美元下降为2020年的4 070美元，从中高收入国家下滑为中低收入国家。

表2.12　2020年大洋洲国家的人均国民收入

单位：2020年现价美元

序号	国家	国家代码	人均国民收入	序号	国家	国家代码	人均国民收入
高收入国家				中低收入国家			
1	澳大利亚	AUS	53 730	9	萨摩亚	WSM	4 070
2	新西兰	NZL	42 610*	10	密克罗尼西亚联邦	FSM	4 010*
3	瑙鲁	NRU	16 630*	11	基里巴斯	KIR	3 010
4	帕劳	PLW	16 500*	12	瓦努阿图	VUT	2 780
中高收入国家				13	巴布亚新几内亚	PNG	2 660
5	图瓦卢	TUV	5 820	14	所罗门群岛	SLB	2 300
6	马绍尔群岛	MHL	5 010*				
7	汤加	TON	5 000*				
8	斐济	FJI	4 720				

数据来源：根据世界银行World Development Indicators的数据整理。

注：*表示2019年数据，库克群岛和纽埃无数据。

2. 人类发展水平

2019年大洋洲的人类发展指数情况详见表2.13，被纳入《人类发展报告2020》的大洋洲国家有11个，其中澳大利亚、新西兰和帕劳处于极高人类发展水平群组，斐济等4个国家位于高人类发展水平群组，基里巴斯等4个国家位于中等人类发展水平群组。

表2.13　2019年大洋洲国家的人类发展水平

单位：年

国家	国家代码	人类发展指数	出生时预期寿命	预期受教育年限	平均受教育年限
极高人类发展水平					
澳大利亚	AUS	0.94	83.44	21.95	12.72
新西兰	NZL	0.93	82.29	18.84	12.78
帕劳	PLW	0.83	73.93	15.80	12.49
高人类发展水平					
斐济	FJI	0.74	67.44	14.43	10.90
汤加	TON	0.73	70.91	14.41	11.24
萨摩亚	WSM	0.72	73.32	12.73	10.78
马绍尔群岛	HNL	0.70	74.11	12.39	10.89
中等人类发展水平					
基里巴斯	KIR	0.63	68.37	11.80	7.98
瓦努阿图	VUT	0.61	70.47	11.73	7.06
所罗门群岛	SLB	0.57	73.00	10.22	5.71
巴布亚新几内亚	PNG	0.56	64.50	10.20	4.66

数据来源：《人类发展报告2020》，http://hdr.undp.org/en/content/download-data。

（二）大洋洲的贫困现状

1. 绝对贫困

受新冠肺炎疫情影响，与2019年相比，2020年大洋洲国家的贫困状况总体恶化。按照世界银行1.9美元标准，2020年有统计数据的8个大洋洲国家的贫困人口约300万人，比2019年增加27.2万人。其中，2020年贫困发生率高于10%的国家有3个，即瓦努阿图、巴布亚新几内亚和所罗门群岛，其他国家的贫困发生率均低于1%（表2.14）。与2019年相比，8个样本国家中6个国家的贫困发生率增加，贫困发生率增加3%以上的国家有瓦努阿图（3.69%）和所罗门群岛（3.63%）；巴布亚新几内亚的贫困人口增加了22.5万人，占2020年增加贫困人口的82%。

表2.14　2020年大洋洲国家的贫困发生率与贫困人口

国家	国家代码	总人口（万人）	贫困发生率（%）	贫困人口（万人）
澳大利亚	AUS	2 550.0	0.20	5.1
新西兰	NZL	482.2	0.01	0.048
汤加	TON	10.6	0.16	0.017
斐济	FJI	89.6	0.64	0.573
萨摩亚	WSM	19.8	0.46	0.091
瓦努阿图	VUT	30.7	14.93	4.6
巴布亚新几内亚	PNG	894.7	30.27	270.8
所罗门群岛	SLB	68.7	27.01	18.6

数据来源：根据*Sustainable Development Report 2021*整理得到。

大洋洲国家贫困的主要特点有以下几个方面：

第一，收入是贫困的重要影响因素。按照世界银行1.9美元标准，澳大利亚和新西兰两个高收入国家和汤加等中高收入国家的贫困发生率均低于1%，而3个中低收入国家瓦努阿图、巴布亚新几内亚和所罗门群岛的贫困发生率超过10%，大洋洲未来的减贫进程将取决于这3个中低收入国家。

第二，具有较强的贫困脆弱性，防止返贫是一项重要的减贫工作。大洋洲大多数国家的脆弱收入人群（介于5.5美元和15美元之间）占比较大，在新冠肺炎疫情阴霾笼罩下，大洋洲国家的贫困人口均有不同程度的增加，防止脆弱收入人群返贫是大洋洲各国应关注的重点问题。

第三，贫困地区分化，大洋洲国家绝对贫困主要集中在美拉尼西亚区域，占贫困人口的90%以上。美拉尼西亚区域的国家均在20世纪70年代后独立，除斐济之外，其他国家均属于欠发达国家，基础设施落后、政府治理较差，经济严重依靠国际援助。由于旅游业也是美拉尼西亚国家的重要经济支柱，新冠肺炎疫情防控期间遭受严重冲击，减贫进程面临重大挑战。尤其是巴布亚新几内亚，其贫困人口数量位居大洋洲之首，其减贫进程影响大洋洲的减贫进程。

2.收入不平等

衡量国家收入均衡程度的基尼系数是国际上用来综合考察一个国家内部居民财富或收入差异状况的一个常用指标。它显示了按人口类别划分的总财富或总收入的份额。基尼系数越高，高收入者在总收入中所占的比例就越大，不平等现象就越严重。

大洋洲的巴布亚新几内亚和斐济的基尼系数均超过0.5，而大多数国家的基尼系数在0.4左右（图2.26）。巴布亚新几内亚的基尼系数最高，同时也是大洋洲贫困发生率最高和贫困人口数最大的国家。但基尼系数相近国家的贫困程度也有较大差异，如所罗门群岛和萨摩亚的基尼系数分别为0.42和0.43，但贫困发生率却有天壤之别（所罗门群岛，27.01%；萨摩亚，0.46%）。可见，收入不平等对贫困可能有一定影响，但不是决定性因素。

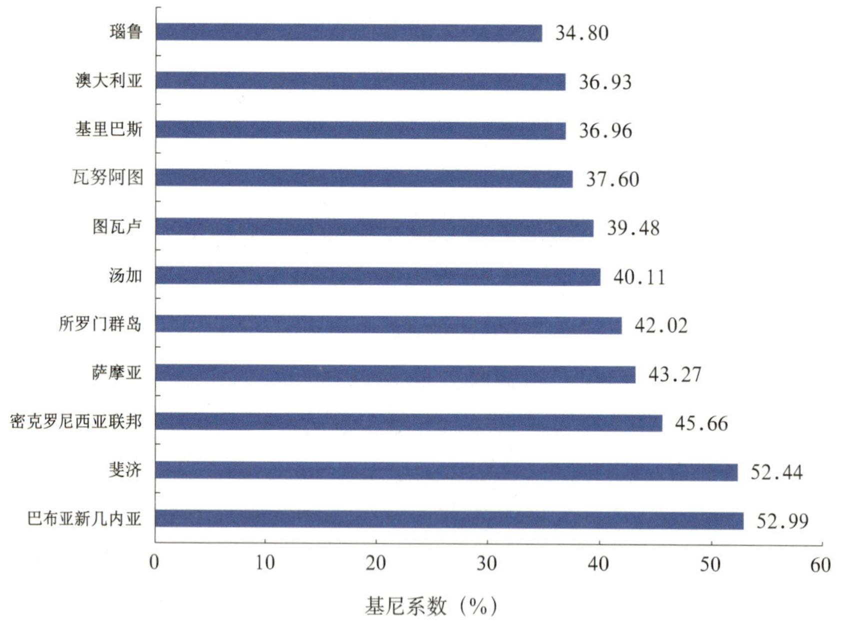

图2.26　2019年大洋洲国家的基尼系数

数据来源：根据世界银行World Development Indicators的数据（更新时间：2021年7月）整理。

（三）大洋洲的减贫进展

1. 贫困变化

从2001年到2019年，大洋洲所有可得数据国家的贫困发生率都有不同程度的降低（图2.27）。但受新冠肺炎疫情影响，8个样本国家中6个国家的贫困发生率增加，出现不同程度的返贫。由于中低收入国家的基础设施和医疗保健服务有限，面对新冠肺炎疫情冲击，贫困线附近的人口容易受到影响。截至2019年，中高收入国家的贫困发生率均降至0.5%以下，基本消除了绝对贫困。由于中高收入国家具有更好的医疗保健和基础设施等，与中低收入的大洋洲国家相比，贫困线附近人群受影响较小。

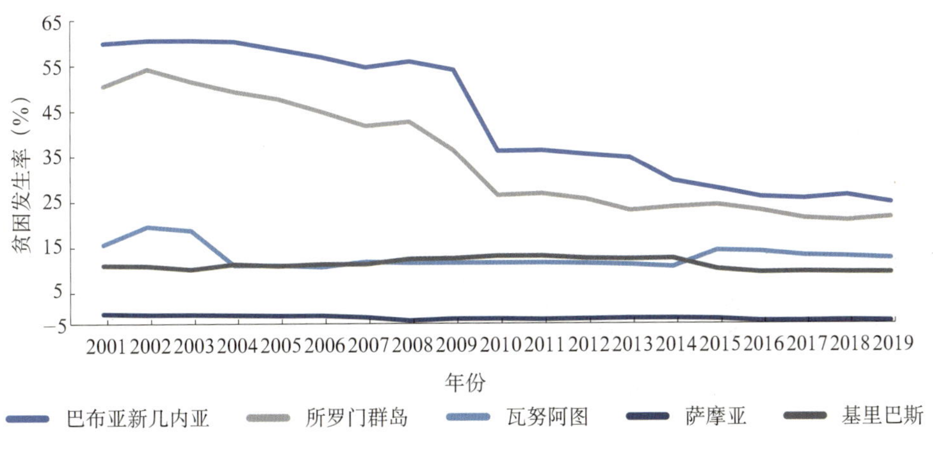

图2.27　2001—2020年大洋洲中低收入国家的贫困发生率

数据来源：根据世界银行PovcalNet（在线分析工具http://iresearch.worldbank.org/PovcalNet/）的数据绘制。

注：2001—2019年数据取自PovacalNet数据库。

2017年以前，大洋洲贫困人口数量总体呈下降趋势，但下降幅度不明显，特别是2019年贫困人口增多。2020年迅速蔓延的新冠肺炎疫情使大洋洲的减贫进展受阻。据世界银行预测，新冠肺炎疫情可能会令世界银行1.9美元标准的贫困发生率提高0.6 ~ 1个百分点。新增贫困将很大程度上集中在贫困发生率较高、贫困人口较多的国家，大洋洲国家的减贫进程面临严峻考验。

2.与减贫相关的进展

21世纪以来，大洋洲国家在水、电等基础设施方面总体取得了一定的进展，但是进展程度存在差异（表2.15）。在使用基本饮用水的人口占比方面，大部分国家的基本饮用水覆盖率在90%左右，但一些中低收入国家，如基里巴斯和所罗门群岛的基本饮用水覆盖率不足80%，巴布亚新几内亚的基本饮用水覆盖率低于50%，基本饮用水状况有待进一步改进。部分太平洋国家岛屿众多、较为分散，存在一定的供电困难，但大洋洲国家在近20年取得了显著进步，14个国家中9个国家的用电人口占比超过90%，巴布亚新几内亚等中低收入国家的用电人口占比也大幅提升。基本卫生服务是居民健康的保障，大洋洲的发达国家有在世界名列前茅的全民医疗体系，所有高收入国家基本卫生服务覆盖率均接近100%，而密克罗尼西亚联邦的基本卫生服务覆盖率从24.50%提升到了88.30%，取得了显著的成效，然而巴布亚新几内亚和所罗门群岛的基本卫生服务覆盖率仅为20.87%和33.53%，尚有很大的改善空间。

表2.15　2000—2018年大洋洲国家的基础设施和服务进展

单位：%

国家	国家代码	基本饮用水覆盖率		用电人口比率		基本卫生服务覆盖率	
		2000年	2017年	2000年	2018年	2000年	2017年
高收入国家							
澳大利亚	AUS	99.71	99.97	100.00	100.00	99.99	99.99
新西兰	NZL	100.00	100.00	100.00	100.00	100.00	100.00
瑙鲁	NRU	95.77	99.49	65.70	65.60	99.80	99.80
帕劳	PLW	90.68	100.00	98.91	100.00	99.30	100.00
中高收入国家							
图瓦卢	TUV	97.89	99.27	94.63	99.87	79.76	84.08
马绍尔群岛	MHL	76.94	88.49	70.08	96.36	79.66	83.50
汤加	TON	98.50	99.91	85.45	98.89	88.72	93.45
斐济	FJI	94.60	93.79	75.77	99.59	79.52	95.07
中低收入国家							
萨摩亚	WSM	91.91	97.38	87.86	100.00	97.56	98.17

（续）

国家	国家代码	基本饮用水覆盖率		用电人口比率		基本卫生服务覆盖率	
		2000年	2017年	2000年	2018年	2000年	2017年
密克罗尼西亚联邦	FSM	78.56	87.67	46.00	82.10	24.50	88.30
基里巴斯	KIR	50.03	71.62	69.67	100.00	23.69	47.80
瓦努阿图	VUT	81.86	91.26	22.23	61.87	34.07	61.82
巴布亚新几内亚	PNG	34.00	41.32	8.67	58.97	12.95	20.87
所罗门群岛	SLB	78.69	67.78	20.46	33.52	20.46	33.53

数据来源：根据世界银行World Development Indicators的数据（更新时间：2021年7月）整理。

新的网络技术为农民减贫提供了很多帮助，涉及农村农业和普惠金融。移动应用平台能够为农业提供许多信息，如农业新闻、化肥使用量计算、病虫害治理及补救措施等信息，农民不仅能够在论坛里即时查询粮食市场价格以及各种市场交易信息，还可以提出疑问，获得专家的解答，而且农民也有机会收到政府和其他组织发布的通知。同时对于农户而言，依靠数字金融服务，可以实现在移动网络平台管理日常开支，包括子女教育储蓄、家属间汇款等，避免了往返金融机构产生的通勤成本，从而降低农户生活成本。大洋洲国家的网络发展较为迅速，2010年除澳大利亚和新西兰外的国家移动宽带数量均趋近于0，但2019年各国每百人的移动宽带数量均超过了10个（表2.16）。然而，各国的互联网普及率差异较大，由于太平洋国家特殊的地理环境，建设网络基础设施存在一定的困难，大洋洲中低收入国家的网络普及率低于40%。新冠肺炎疫情防控期间，网络的重要性进一步提升，由于疫情影响交通出行，但依靠网络可以进行远程工作、获得卫生和教育信息，为民众带来便利，有效推动减贫进程，因此建设网络基础设施也是促进大洋洲国家减贫的重要途径。

表2.16　大洋洲国家的互联网和移动宽带情况

国家	国家代码	互联网人口比率（%）		每百人的移动宽带数量（个）	
		2000年	2019年	2010年	2019年
澳大利亚	AUS	46.76	86.55	56.09	129.92

（续）

国家	国家代码	互联网人口比率（%）		每百人的移动宽带数量（个）	
		2000年	2019年	2010年	2019年
新西兰	NZL	47.38	90.81	38.60	11.46
瑙鲁	NRU	2.99	57.00	0	37.83
汤加	TON	2.43	41.25	0	59.43
斐济	FJI	1.49	49.97	0.822	147.51
萨摩亚	WSM	0.57	33.61	0	26.17
基里巴斯	KIR	1.79	14.59	0	39.08
瓦努阿图	VUT	2.11	25.72	0	65.07
巴布亚新几内亚	PNG	0.84	11.21	0	10.87
所罗门群岛	SLB	0.48	11.92	0	19.25

数据来源：根据世界银行World Development Indicators的数据（更新时间：2021年7月）整理。

大洋洲与其他地区相比，重要特征之一是依靠海洋资源，海洋对大洋洲国家的渔业和旅游业都有重要影响，进而影响减贫进程。海洋保护区平均面积和海洋健康指数是影响海洋生物多样性的重要指标，是扶贫可持续发展的关键因素。大洋洲各国的海洋保护区面积比例与贫困发生率呈负相关关系，中高收入国家的海洋保护区面积比例超过10%，而中低收入国家的海洋保护区面积比例不足5%，并且近20年内增长缓慢（表2.17）。发达国家的海洋健康指数呈下降趋势，而巴布亚新几内亚等中低收入国家的海洋健康指数有所提升。保护海洋环境对保证大洋洲国家的经济可持续发展有重要作用，要防止过度捕捞和海洋污染对太平洋国家的渔业和旅游业产生不利影响，阻碍减贫进程。

表2.17　大洋洲国家的海洋环境

国家	国家代码	海洋保护区面积比例（%）		海洋健康指数	
		2000年	2019年	2012年	2020年
澳大利亚	AUS	42.92	63.16	83.67	80.52
新西兰	NZL	39.92	44.11	85.12	78.44
帕劳	PLW	46.15	70.03	73.26	71.94

（续）

国家	国家代码	海洋保护区面积比例（%）		海洋健康指数	
		2000年	2019年	2012年	2020年
汤加	TON	9.11	19.17	59.61	67.25
斐济	FJI	3.31	14.57	74.60	73.48
萨摩亚	WSM	2.42	2.42	86.97	92.40
密克罗尼西亚联邦	FSM	1.60	1.60	45.49	63.56
瓦努阿图	VUT	3.136	3.136	64.13	62.04
巴布亚新几内亚	PNG	1.287	1.634	60.09	65.24
所罗门群岛	SLB	0.91	2.43	60.21	72.90

数据来源：根据世界银行World Development Indicators的数据（更新时间：2021年7月）整理。

（四）大洋洲的减贫经验与挑战

1.大洋洲的减贫经验

（1）经济增长是推动减贫的核心策略。第三次工业革命推动高新技术时代的到来，人类社会的财富呈指数级增长，实际人均收入大幅提高，但并未惠及所有国家。大洋洲大部分国家处在发达国家的边缘，基本上未直接享受到繁荣和进步的好处。对于发达国家而言，贫困问题虽未完全根除，但贫困的规模和程度远小于发展中国家，发展中国家成为减贫的重要对象，发展中国家以促进经济增长为核心的减贫实践包括以下内容：一是重视农业发展问题，大洋洲国家贫困人口大多数为农业人口，农业农村发展成为各国政府高度重视的问题。发展中国家通过调整农业生产关系、推广新型农业技术、完善农业基础设施、加大农业投入等方式提高了粮食产量。二是推行区域开发政策，通过政策倾斜加大落后地区经济开发力度，通过加大政府投资，大规模兴建基础设施，促进经济落后地区加快现代化步伐，创造就业岗位，增加居民收入。在以经济增长为核心的减贫策略的推动下，发展中国家的人均收入水平、教育水平、平均预期寿命得到了不同程度的提高，贫困问题也得到一定缓解。

（2）完善福利体系是持续减贫的保障。经济增长是减贫的基本条件，要想实现持续减贫，必须要建立和完善社会福利体系。部分大洋洲岛国地区在过去二十多年中也不同程度地实现了比较高的经济增长，但是这些国家对经济增长贡献最大的部门并非大多数人口就业的农业或渔业等部门，也就是说这些国家出现了增长与减贫脱节的困境，相对贫困现象日趋严重。相对贫困是大多数中等收入甚至高收入国家的减贫难题。大洋洲各国普遍采用的福利体系减贫措施包括三个方面。第一，加大对贫困人口直接救济力度。第二，建立健全社会保障制度。社会福利聚焦于提升整个社会生活水平。特别是发达国家还构建起覆盖大部分人口的社会保障网，涵盖生育、医疗、养老等方面，实现了"从摇篮到坟墓"全覆盖。如新西兰拥有公共财政支持的全民医疗保险计划，为全体居民提供医疗和医护服务。当地居民可以从医师、合格助产士、执业护士和专业医疗人员那里获得医疗补助，也可以在公立医院获得免费治疗。第三，加强教育和职业培训，提升劳动力素质。一方面加大教育投入，逐步建立起免费的初等教育制度，扩大教育普及面；另一方面为工人提供免费职业培训，提高劳动技能，降低失业风险。如澳大利亚利用有条件现金转移支付项目，提高学前儿童出勤率。学前教育对于儿童健康发展的重要意义已得到广泛认可，然而学前儿童入学会增加家庭开支，贫困家庭的儿童更难以保持稳定的出勤率。澳大利亚通过幼儿园津贴激励低收入家庭的孩子进入幼儿园接受学前教育。

（3）**地区合作与援助推动地区减贫进程。**对一些能力薄弱的欠发达国家或地区来说，国际多边组织和政府间援助的作用显得非常重要，大洋洲许多国家面临经常性财政赤字问题，农村扶贫和发展项目主要依靠世界银行等国际发展组织和OECD等的发达国家的援助。大洋洲的减贫模式呈现以外部投资和援助带动的减贫模式。中国对大洋洲国家的援助包括通过带动增收致富，如对斐济、巴布亚新几内亚等国援助的菌草种植示范项目带动农户依靠种植增收致富，这不仅提升了当地民众的收入水平，还从扩张有效需求的层面上带动市场化进程进一步深化和拓展，最终形成持续减少贫困的良性循环。澳大利亚多年来已经成为太平洋岛屿地区规模最大的援助国，通过发布《莫尔兹比港宣言》和《凯恩斯协定》来确定援助太平洋岛国的原则，直接带动大洋洲国家的经济增长与减贫进程。近年来，在14个太平洋岛国中，位于美拉尼西亚岛群的巴布亚新几内亚、所罗门群岛、瓦努阿图和斐济是澳大利亚的重点援助对象，有效治理、教育和健康等是澳大利亚援助太平洋岛国的重点领域，项目援助、技术援助和促贸援助是主要援助方式。通过多项教育和健康项目的推行，澳大利亚在太平洋岛国减贫方面的援助工作获得各岛国领导人的认同。

2.大洋洲的减贫挑战

2020年是人类历史上一个特殊时期，新冠肺炎疫情暴发以来，各国经济发展普遍受挫，经济下行风险增加，失业率增加，减贫不确定性增加，相对贫困群体开始向绝对贫困滑落，贫困边缘群体生活水平降低到贫困线之下，处于弱势地位的绝对贫困群体生活环境进一步恶化，社会贫富差距继续拉大，绝对贫困人口激增。按照世界银行1.9美元标准，2020年，受新冠肺炎疫情影响，经济低迷已导致大洋洲300万人陷入贫困，进一步加剧了消除贫困的难度。

*Poverty and Shared Prosperity 2020*指出，21世纪以来，大洋洲贫困人口（世界银行1.9美元标准）平均每年减少约1个百分点，但2013年至2015年，下降速度放缓至每年仅0.6个百分点，2015年至2017年，这一增速进一步放缓至0.5个百分点，2020年减贫进展因新冠肺炎大流行而进一步受挫。2020年有统计数据的8个大洋洲国家的平均贫困发生率从2019年的6.66%上升到2020年的7.23%，这是30多年来首次上升。作为国际援助的重要主体，发达国家经济发展受到疫情的严重冲击，为缓解本国经济与社会矛盾，发达国家开始减少对发展中国家的经济援助，减小对国际减贫的支持力度。

区域发展不平衡问题显著。发展不平衡是当今世界最大的不平衡，发达国家经济发达、财力雄厚，可以为本国贫困群体提供丰富的资源支持，贫困群体也可以从本国经济发展中获利。当前，澳大利亚和新西兰的绝对贫困现象已基本消除，相对贫困成为主要表现形式。但发展中国家日益分化，波利尼西亚和密克罗尼西亚地区经济增长较快，民众生活逐步改善，绝对贫困群体规模缩小，而美拉尼西亚地区经济发展缓慢，贫困人口数量占大洋洲90%以上，贫困人口日趋集中。

生态环境问题制约贫困群体持续脱贫。生态环境问题与贫困问题相互交织，二者紧密相连，生态环境脆弱引发贫困，贫困又加速生态环境恶化。一方面，大洋洲大量未脱贫地区生态环境脆弱，自然灾害频发，生态环境承载力难以满足工业化发展的需要，无法创造足够的就业岗位；另一方面，未脱贫地区高度依赖农业和渔业的发展，而这两类产业与生态环境、气候变化息息相关，全球愈发严重的环境问题与气候变化问题对贫困地区产业发展形成了严重的冲击，如纽埃等国家面临全球变暖导致的海平面上升危机，可能因气候变化而遭受巨大的经济损失。

粮食短缺问题加剧，贫困群体生活负担加重。一方面，过快的人口增长加剧粮食短缺。得益于现代医疗技术进步，贫困地区人口呈现爆炸式增长态势。以贫困人口较为集中的巴布亚新几内亚为例，2020年巴布亚新几内亚人口增长率达到1.95%，远高于全球1%的平均水平。另一方面，贫困地区农业技术水平相对较低，粮食产量难以满足国内消费需求，粮食长期依赖国际进口，新冠肺炎疫情暴发以来，主要粮食生产大国纷纷减少粮食出口，造成国际市场粮价飞涨。联合国粮食及农业组织最新数据显示，截至2021年3月，大洋洲食品价格指数连续12个月同比上升幅度超过7%。而作为家庭支出的重要组成，粮食价格的急剧上升导致家庭支出大幅增加，部分家庭由此而陷入贫困，贫困家庭生活更加拮据。

贫困人口脱贫可持续性仍有待加强。首先，当前大洋洲尚未脱贫地区历史上长期处于被殖民状态，产业结构单一，国民经济相对落后。其次，基础设施和公共服务建设滞后，缺乏稳定可持续的产业与就业，贫困人口短暂脱贫后可能再次返贫，难以培育贫困人口主动脱贫动力。最后，文化水平普遍较低，缺乏针对性职业技能培训，技能水平难以满足现代产业发展需要，自我发展能力与脱贫能力建设严重不足，如巴布亚新几内亚成年人识字率仅为61%，缺乏参与现代化就业的能力。在人类文明发展的历史长河中，贫困始终是困扰人类社会发展的核心问题之一，而新冠肺炎疫情可能导致极端贫困人口大幅增加，未来大洋洲的减贫面临艰巨挑战。

六、欧洲

根据联合国地理区域划分标准，欧洲国家或地区共有44个：阿尔巴尼亚、爱尔兰、爱沙尼亚、安道尔、奥地利、白俄罗斯、保加利亚、比利时、冰岛、波黑、波兰、北马其顿、丹麦、德国、俄罗斯、法国、梵蒂冈、芬兰、荷兰、黑山、捷克、克罗地亚、拉脱维亚、立陶宛、列支敦士登、卢森堡、罗马尼亚、马耳他、摩尔多瓦、摩纳哥、挪威、葡萄牙、瑞典、瑞士、塞尔维亚、圣马力诺、斯洛伐克、斯洛文尼亚、乌克兰、西班牙、希腊、匈牙利、意大利、英国。欧洲整体经济条件较好和基础设施完善，是全球最发达的区域之一。

（一）欧洲的社会经济状况

1.经济发展水平

按世界银行的收入组划分标准，2001年欧洲的低收入、中低收入、中高收入和高收入国家数量分别是2个、7个、9个和23个，过去20年欧洲国家经济条件进一步提高，原低收入组和中低收入组国家中除乌克兰进入中低收入组，其他国家均进入中高收入组，中高收入组国家全部进入高收入组。2020年44个欧洲国家或地区中32个位于高收入组，占72.73%，中高收入组和中低收入组国家分别有10个和1个，没有国家位于低收入组。从地理位置来看，2020年西欧9个国家和北欧10个国家全部位于高收入组，经济发展水平较高（图2.28）。

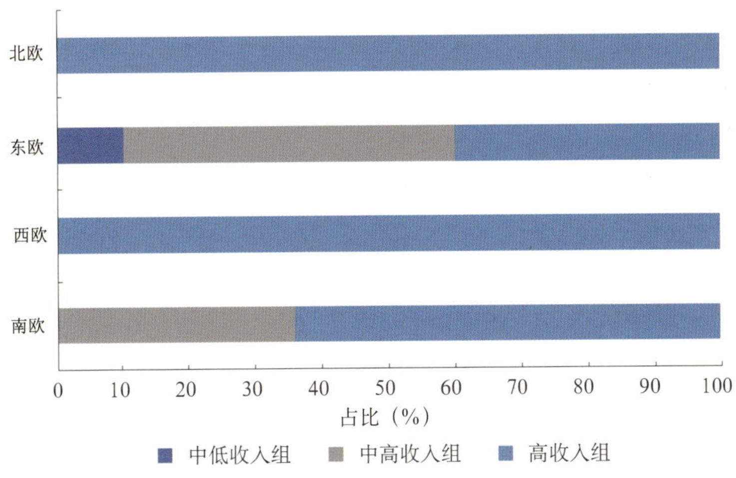

图2.28　2020年欧洲地区不同收入组的国家数量占比

数据来源：根据世界银行（https://datahelpdesk.worldbank.org/）的数据绘制。

注：梵蒂冈数据缺失。

2020年，欧洲高收入组国家中瑞士的人均国民收入（87 950美元/人）是同组最低的克罗地亚（14 190美元/人）的6.20倍，是中低收入组中乌克兰（3 540美元/人）的24.84倍，存在较大的组间差异。整体上看，欧洲国家的经济水平在全球遥遥领先，然而欧洲国家间的经济发展水平存在一定差异。

2. 人类发展水平

按照人类发展指数的分类标准，欧洲国家的人类发展水平较高，其中瑞士、爱尔兰等37个国家具有极高人类发展水平，波黑、乌克兰、北马其顿和摩尔多瓦这4个国家具有高人类发展水平[①]。从全球排名来看，HDI前10名中8个国家在欧洲，HDI前50名中34个国家在欧洲，欧洲没有中、低人类发展水平国家。欧洲国家自然环境优美、经济条件良好，从出生时预期寿命来看，欧洲22个国家居民的出生时预期寿命大于80岁，而欧洲长寿国家之首——瑞士的出生时预期寿命是83.78岁，欧洲平均预期寿命（79.41岁）比全球平均水平（72.7岁）高6.71岁。欧洲国家的经济发展水平普遍较高，因此基础设施和教育水平较高，平均受教育年限11.91年远高于全球平均水平（8.7年），38个欧洲国家的平均受教育年限大于10年，葡萄牙的平均受教育年限最短（9.26年）。

（二）欧洲的贫困现状

作为与富裕相反的概念，贫困影响着全球各国弱势群体的基本生活。欧洲的贫困分为两大类：绝对贫困和相对贫困。欧洲绝大多数国家拥有较好的经济发展条件，家庭收入普遍较高，即使是贫困家庭也拥有较为富足的资产，因此发达国家和地区的贫困主要是相对贫困。

1. 绝对贫困

按照世界银行3.2美元标准，2020年欧洲高收入国家和中低收入国家的贫困发生率都较低，中高收入国家的贫困发生率存在一定差异。2020年，有统计数据的39个欧洲国家的贫困人口（3.2美元标准）为451万人，贫困发生率为0.60%，远低于全球平均水平，消除了绝对贫困。分国家或地区来看，按照世界银行3.2美元标准，贫困发生率大于3%的欧洲国家是罗马尼亚（4.45%）、黑山（6.49%）、北马其顿（7.25%）和阿尔巴尼亚（10.51%），贫困人口最多的3个国家是罗马尼亚、意大利和西班牙。

2. 相对贫困

自2010年以来，欧盟使用贫困或社会排斥风险的复合概念，将相对的货币贫困、物资匮乏和劳动力市场排斥结合在一起[②]。相对贫困是指某些人

① 梵蒂冈、摩纳哥和圣马力诺统计数据缺失。

② https://www.eapn.eu/what-is-poverty/poverty-what-is-it/。

的生活方式和收入远低于其所在国家或地区的一般生活水平，以至于他们难以过上正常生活并参与正常的经济、社会和文化活动。2010年，欧盟监测贫困时，重点关注相对贫困。2010年，欧盟制定《欧洲2020战略》，提出五个主要目标，首次提出将"处于贫困或社会排斥风险中"的人数减少2 000万人的贫困目标。发达国家和地区相对贫困线的制定方法略有区别，大致可分为两类。一类是以美国、澳大利亚等为代表的基于需求测算但具有相对贫困特点的绝对构造法，另一类是以经济合作与发展组织、欧盟等为代表的基于家庭收入中位数或平均数的收入比例法。其中，欧盟以家庭收入中位数的60%设定相对贫困线[①]。

2019年，欧洲中高收入组国家罗马尼亚、塞尔维亚、保加利亚和北马其顿的相对贫困发生率均超过30%，高收入组国家的相对贫困发生率存在明显差异（图2.29）。其中，冰岛、捷克、斯洛文尼亚、芬兰、挪威、丹麦、斯洛伐克、荷兰、奥地利、德国、法国、波兰、瑞典、瑞士、匈牙利和比利时等16个国家的相对贫困发生率在11%～19.5%，马耳他、爱尔兰、卢森堡、葡萄牙、英国、克罗地亚、爱沙尼亚、西班牙、意大利、立陶宛、拉脱维亚和希腊等12个国家的相对贫困发生率在20.1%～30%。

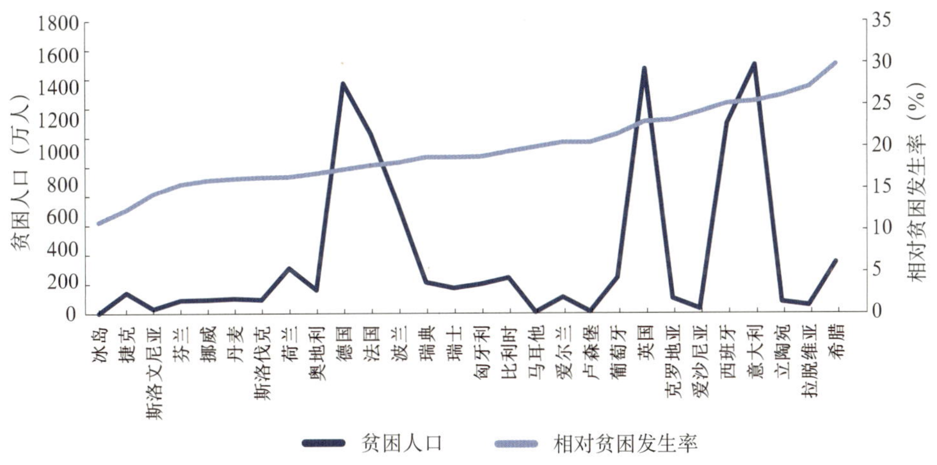

图2.29　2019年欧洲国家相对贫困发生率与贫困人口

数据来源：欧盟统计局（https://ec.europa.eu/eurostat/databrowser/view/ilc_peps01/default/line?lang=en）。

注：英国和冰岛采用2018年数据。

① 为保持全文一致性，在此仅考虑相对贫困风险（或相对贫困发生率），不考虑社会排斥风险。

（三）欧洲的减贫进展

1.贫困变化

按照世界银行3.2美元和5.5美元标准，2001—2008年各标准的贫困发生率都迅速降低，2009年以后速度放缓（表2.18）。2001—2019年，按照3.2美元标准贫困发生率从4.37%降至0.65%，贫困人口减少2 692万人；按照5.5美元标准贫困发生率从14.54%降至2.20%，贫困人口减少8 909万人。从绝对贫困来看，欧洲贫困人口大幅缩减，3.2美元标准下早已消除贫困。

表2.18　2001—2019年欧洲贫困发生率与贫困人口

年份	总人口（万人）	3.2美元标准		5.5美元标准	
		贫困发生率（%）	贫困人口（万人）	贫困发生率（%）	贫困人口（万人）
2001	72 577.2	4.37	3 174.6	14.54	10 551.6
2002	72 631.2	3.53	2 566.4	12.89	9 364.8
2003	72 713.4	3.00	2 183.0	11.56	8 404.0
2004	72 815.0	2.54	1 853.0	9.89	7 205.0
2005	72 928.8	2.08	1 517.3	8.39	6 121.1
2006	73 054.7	1.61	1 172.7	6.99	5 105.2
2007	73 193.9	1.11	811.8	5.47	4 003.6
2008	73 341.6	0.76	558.6	3.91	2 868.1
2009	73 492.3	0.78	575.6	3.91	2 872.8
2010	73 641.3	0.84	621.5	3.63	2 674.6
2011	73 785.1	0.79	586.0	3.47	2 557.7
2012	73 922.5	0.88	650.3	3.46	2 558.1
2013	74 054.2	0.79	583.9	3.16	2 336.8
2014	74 181.8	1.11	822.5	3.31	2 455.4
2015	74 305.9	1.04	770.7	3.41	2 536.3
2016	74 426.9	0.87	648.1	3.11	2 316.7
2017	74 541.5	0.85	631.6	2.80	2 086.1
2018	74 641.9	0.69	515.3	2.45	1 830.2
2019	74 718.3	0.65	483.1	2.20	1 643.0

数据来源：根据世界银行PovcalNet（在线分析工具）和世界人口展望的数据整理得到。

从相对贫困角度看，2009—2019年，中高收入国家的相对贫困发生率始终在20%以上；高收入国家中冰岛和捷克的相对贫困发生率在10%左右，而高收入国家中意大利、西班牙、爱沙尼亚、立陶宛和拉脱维亚的相对贫困发生率出现高于20%（表2.19）。其中，克罗地亚、希腊、波兰、爱尔兰、芬兰和奥地利的相对贫困发生率呈波动下降，然而拉脱维亚、瑞典、荷兰、卢森堡和爱沙尼亚的相对贫困发生率呈波动上升。绝对贫困会随着经济社会发展而不断下降，甚至消失，然而即使经济发展到了较高的水平，低收入阶层一直存在，相对贫困群体也不会消失，相对贫困发生率仅反映收入差距，相对贫困将长期存在，但可以通过税收调节等政策措施减小两极分化的现象，缓解由此引起的社会矛盾。

表2.19　2010—2019年欧洲国家的相对贫困发生率

单位：%

国家	国家简称	2010年	2011年	2012年	2013年	2014年	2015年	2016年	2017年	2018年	2019年
高收入国家											
冰岛	ISL	9.8	9.2	7.9	9.3	7.9	9.2	8.8	10.1	8.8	—
捷克	CZE	9.0	9.8	9.6	8.6	9.7	9.7	9.7	9.1	9.6	10.1
芬兰	FIN	13.1	13.7	13.2	11.8	12.8	12.4	11.6	11.5	12.0	11.6
斯洛伐克	SVK	12.0	13.0	13.2	12.8	12.6	12.3	12.7	12.4	12.2	11.9
丹麦	DNK	13.3	12.1	12.0	11.9	12.1	12.2	11.9	12.4	12.7	12.5
匈牙利	HUN	12.3	14.1	14.3	15.0	15.0	14.9	14.5	13.4	12.8	12.3
挪威	NOR	11.2	10.5	10.0	10.9	10.9	11.9	12.2	12.3	12.9	12.7
荷兰	NLD	10.3	11.0	10.1	10.4	11.6	11.6	12.7	13.2	13.3	13.2
斯洛文尼亚	SVN	12.7	13.6	13.5	14.5	14.5	14.3	13.9	13.3	13.3	12.0
法国	FRA	13.3	14.0	14.1	13.7	13.3	13.6	13.6	13.2	13.4	13.6
奥地利	AUT	14.7	14.5	14.4	14.4	14.1	13.9	14.1	14.4	14.3	13.3
瑞士	CHE	15.0	15.0	15.9	14.5	13.8	15.6	14.7	15.5	14.6	16.0
波兰	POL	17.6	17.7	17.1	17.3	17.0	17.6	17.3	15.0	14.8	15.4
爱尔兰	IRL	15.2	15.2	16.3	15.7	16.8	16.2	16.8	15.6	14.9	13.1

（续）

国家	国家简称	2010年	2011年	2012年	2013年	2014年	2015年	2016年	2017年	2018年	2019年
德国	DEU	15.6	15.8	16.1	16.1	16.7	16.7	16.5	16.1	16.0	14.8
比利时	BEL	14.6	15.3	15.3	15.1	15.5	14.9	15.5	15.9	16.4	14.8
瑞典	SWE	14.8	15.4	15.2	16.0	15.6	16.3	16.2	15.8	16.4	17.1
卢森堡	LUX	14.5	13.6	15.1	15.9	16.4	15.3	15.8	16.4	16.7	17.5
马耳他	MLT	15.5	15.6	15.1	15.8	15.8	16.6	16.5	16.7	16.8	17.1
葡萄牙	PRT	17.9	18.0	17.9	18.7	19.5	19.5	19.0	18.3	17.3	17.2
希腊	GRC	20.1	21.4	23.1	23.1	22.1	21.4	21.2	20.2	18.5	17.9
英国	GBR	17.1	16.2	16.0	15.9	16.8	16.6	15.9	17.0	18.6	—
克罗地亚	HRV	20.6	20.9	20.4	19.5	19.4	20.0	19.5	20.0	19.3	18.3
意大利	ITA	18.7	19.8	19.5	19.3	19.4	19.9	20.6	20.3	20.3	20.1
西班牙	ESP	20.7	20.6	20.8	20.4	22.2	22.1	22.3	21.6	21.5	20.7
爱沙尼亚	EST	15.8	17.5	17.5	18.6	21.8	21.6	21.7	21.0	21.9	21.7
立陶宛	LTU	20.5	19.2	18.6	20.6	19.1	22.2	21.9	22.9	22.9	20.6
拉脱维亚	LVA	20.9	19.0	19.2	19.4	21.2	22.5	21.8	22.1	23.3	22.9
中高收入国家											
阿尔巴尼亚	ALB	—	—	—	—	—	—	—	23.7	23.4	23.0
保加利亚	BGR	20.7	22.2	21.2	21.0	21.8	22.0	22.9	23.4	22.0	22.6
北马其顿	MKD	27.0	26.8	26.2	24.2	22.1	21.5	21.9	22.2	21.9	21.6
黑山	MNE	—	—	—	25.2	24.1	24.4	24.0	23.6	23.8	24.5
罗马尼亚	ROU	21.6	22.3	22.9	23.0	25.1	25.4	25.3	23.6	23.5	23.8
塞尔维亚	SRB	—	—	—	24.5	25.0	26.7	25.9	25.7	24.3	23.2

数据来源：根据欧洲统计局（https://ec.europa.eu/eurostat/databrowser/view/tespm010/default/table?lang=en）的数据整理得到。

注："—"表示数据缺失。

2. 与减贫相关的进展

《欧洲2020战略》旨在使至少2 000万人摆脱贫困和社会排斥的风险，从而促进社会包容。贫困或社会排除风险包括处于贫困风险或严重物资匮乏或生活在工作强度极低的家庭中。存在贫困风险的人是指可支配收入低于贫困风险阈值的人，该阈值设定为社会转移支付后全国可支配收入中位数的60%。物资匮乏包括与经济压力和耐用品相关的指标[①]。2019年，整个欧盟27国中有9 100万人面临贫困或社会排斥的风险，占总人口的20.9%，而这些面临贫困或社会排斥风险的人中约有3/5（约5 500万人）处于工作年龄（20 ~ 64岁）阶段。

2010—2019年，欧洲国家的贫困或社会排斥风险变化存在差异。2019年，冰岛、捷克等15个国家中处于贫困或社会排斥风险的人口占比低于20%，其中波兰和匈牙利的下降幅度较大，冰岛、挪威和荷兰的贫困或社会排斥风险始终维持较低水平；马耳他、爱尔兰等10个国家中处于贫困或社会排斥风险的人口占比大于20%但小于30%，其中克罗地亚从2010年的31.1%降至2019年的23.3%，拉脱维亚从2010年的38.2%降至2019年的27.3%，降幅较大，而卢森堡不降反升（2010年17.1%，2019年20.6%）；2010—2019年，黑山、罗马尼亚、保加利亚和北马其顿处于贫困或社会排斥风险的人口占比均有不同程度降低，但仍超过30%，其中罗马尼亚和保加利亚均大幅下降，降幅分别为10.3%和16.4%，北马其顿也有较大幅度下降，然而希腊从2010年的27.7%升高到2019年的30.0%，其间多年均超过30%。

2008—2020年欧洲大多数国家的物资匮乏情况得到不同程度的改善（图2.30）。与2008年相比，保加利亚等5个国家虽然期初物资匮乏程度较高但降幅较大，其中，保加利亚下降幅度为21.8%（2020年）、罗马尼亚下降幅度为17.5%（2020年）、波兰降幅14.1%（2019年）、拉脱维亚降幅11.5%（2019年）、匈牙利降幅9.9%（2019年）。卢森堡、瑞典、瑞士和挪威等国家经济条件优越，人类发展水平极高，物资匮乏程度始终维持较低水平。然而，极少数国家物质匮乏程度高且进展缓慢，与2020年相比希腊的物资匮乏程度不降反升，从11.2%升高到16.5%；北马其顿的物资匮乏程度始终高达30%以上，是欧洲物资匮乏人口占比最高的国家。

---

① 严重物资匮乏者的生活条件因缺乏资源而受到严重限制，以下 9 项中至少被剥夺4项被认定为物资匮乏者：a.支付房租或水电费；b.保持家里足够温暖；c.面临意外开支；d.每隔一天吃一次肉、鱼或蛋白质等价物；e.离家一周假期；f.一辆汽车；g.一台洗衣机；h.一台彩电；i.一部电话。

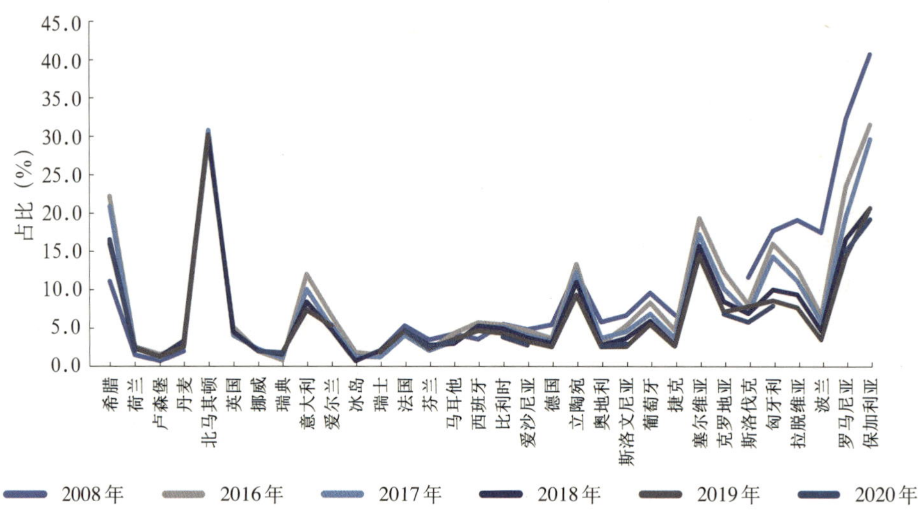

图2.30　2008—2020年欧洲国家存在物资匮乏的人口占比

数据来源：根据欧盟统计局（https://ec.europa.eu/eurostat/web/products-datasets/-/t2020_50）的数据绘制。

高度的不平等在许多方面危害社会，阻碍社会凝聚力，导致许多人失去机会并降低社会对机构的信任。不平等与贫困存在密切关联。欧洲就业和社会发展部认为，2020年新冠肺炎疫情危机可能会导致低收入家庭和其他边缘化群体（例如移民和少数民族）的社会经济状况恶化，贫困与社会排斥风险提高。2019年，社会转移支付减少了欧盟的收入不平等，在社会转移支付前和养老金支付前，收入的基尼系数为50.2%，但在考虑这些转移支付后降至30.2%。然而，过去10年，欧洲国家内部的不平等变化趋势存在差异（图2.31）。

2019年，斯洛伐克、捷克等17个国家的基尼系数低于30%，与2011年相比，斯洛伐克、波兰、克罗地亚、法国、爱尔兰、捷克和比利时的降幅均超过1%，而瑞典和挪威分别从26.0%和22.9%提高到27.6%和25.4%；2019年瑞士、北马其顿等国家的基尼系数大于30%，其中拉脱维亚、立陶宛和保加利亚的基尼系数大于35%，与2011年相比，北马其顿、塞尔维亚（2013年）、黑山（2013年）、希腊、阿尔巴尼亚（2017年）和葡萄牙的基尼系数降幅较大，均超过2%，而卢森堡和保加利亚的基尼系数不降反升，保加利亚的基尼系数从2011年的35%增加到2019年的40.8%，

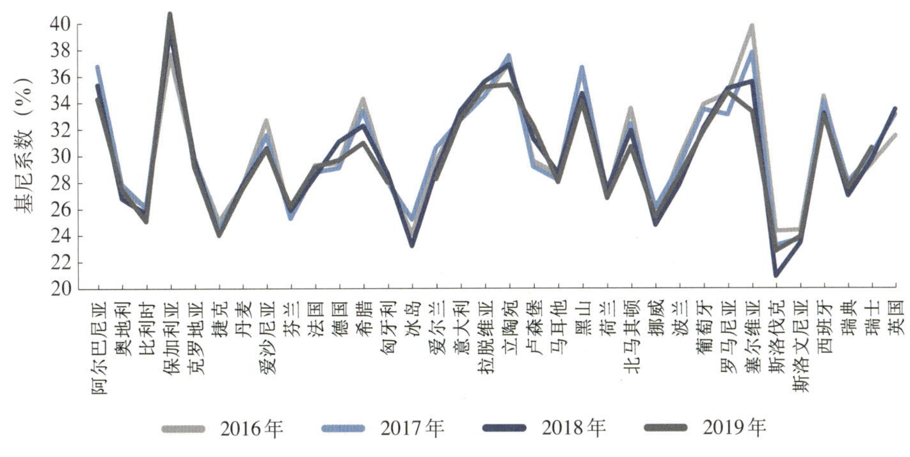

图2.31　2016—2019年欧洲国家的等效可支配收入基尼系数

数据来源：根据欧盟统计局（https://ec.europa.eu/eurostat/web/products-datasets/-/t2020_50）的数据绘制。

保加利亚社会转轨造成社会严重两极分化和贫困加剧，相对贫困发生率从2011年的19.0%升高到2020年的22.9%。

（四）欧洲的减贫经验与挑战

1.欧洲的减贫经验

（1）建立全面的社会福利制度是减少贫困和社会排斥的一种重要手段。 发达国家和地区普遍颁布了社会福利法规，建立全方位的社会福利制度，为所有国民提供普惠性的福利保障，成为救助贫困群体的第一道防线。一是通过立法确定社会福利制度的基本框架，并不断补充完善政策体系，消除了绝对贫困的根源，如英国《国民救济法》、德国《社会救助法》、瑞典《国家保险法》等。二是建立全方位的福利体系，包括养老、失业、疾病、工伤、生育、孤寡照料等，有效减轻了居民的生计负担。如英国建立了“从摇篮到坟墓”的社会福利制度体系，覆盖了国民保险、国民保健、个人社会福利、住房和教育五个方面。德国、日本、加拿大、瑞典等发达国家都通过完善教育、医疗、劳工等社会政策，扩大社会福利支出，不断夯实社会安全网，维持了居民的基本生活。不管发达国家还是发展中国家，老年群体作为弱势群体之一，在贫困人口中所占的比重都较高，基本养老金和社会救助是解决老年贫困问题较好的政策性选择，通常社会保障体系完善国家的老年人贫困发生率在所有年龄段中最低。

（2）提升人力资本水平是提高收入水平和脱贫能力的重要途径。2019年，欧盟受教育程度高的人的可支配收入中位数比受教育程度低的人高71%，受教育程度低和高的人之间的相对收入差距最大的是罗马尼亚，高水平人群的中位数是低水平人群中位数的3.3倍。2019年，欧盟27国所有18岁及以上受教育程度较低（ISCED 0 ～ 2级）的人中，近1/3（33.2%）面临贫困或社会排斥的风险，而具有高等教育（高）水平（ISCED 5 ～ 8级）的同年龄段人群为10.5%，具有中等教育程度（ISCED 3 ～ 4级）的人的相应百分比是19.7%。提高人力资本水平是消除贫困的根本策略，加大教育投资和营养干预成为减贫的重要举措。一是专项拨款补贴贫困家庭子女的学前教育、初等教育和高等教育，提高贫困家庭子女受教育水平。如英国建立了初级教育免费的国民教育制度，设立"教育行动区"，为贫困人口提供了平等的受教育机会。二是为有劳动能力的低收入人群提供职业培训，增强其劳动能力，使其自食其力。英国专设了就业服务、培训、指导等机构，增加个体的劳动力市场参与，帮助贫困人口顺利就业。三是为贫困家庭的妇女和儿童提供营养援助，提高他们的身体素质。

（3）通过社会转移，减小收入不平等，降低贫困或社会排斥风险。2019年，欧盟所有社会转移前等值可支配收入中位数的基尼系数为50.2%，社会转移后降至30.2%，降幅高达20个百分点。养老金和其他社会转移对收入不平等的影响在葡萄牙、希腊和德国尤为明显——基尼系数下降了23.1 ～ 25.7个百分点，而瑞典的降幅是29.7个百分点。在大多数国家，减少贫困的最佳选择是增加儿童福利和社会援助[①]。2019年，社会转移将欧盟27国人口的贫困风险率从24.5%降低到16.5%，降幅是8.0个百分点。2019年，奥地利（降幅12.9个百分点）、芬兰（降幅13.5个百分点）和爱尔兰（降幅16.0个百分点，2018年）的社会转移支付对降低贫困风险产生了巨大影响。然而，意大利、葡萄牙、希腊和罗马尼亚的社会转移支付的影响相对较小，贫困风险率降幅不足6.0个百分点。

2.欧洲的减贫挑战

发达国家和地区的减贫实践表明，高福利制度能够有效地消除贫困，

① Leventi C, Sutherland H, Tasseva I V, 2019. Improving poverty reduction in Europe: what works best where [J]? Journal of European social policy, 29 (1) : 29-43.

但其引致的“福利陷阱”问题削弱了政策效果。欧洲等地区的发达国家推进了福利制度的改革，其中“福利到工作”（WTW）制度成为一个被广泛应用的策略。该制度要求贫困人口在享受福利援助时必须参加工作，以减少贫困家庭对福利政策的依赖。许多经济合作与发展组织国家（如英国、德国、澳大利亚）和欧洲国家实施了WTW计划。如德国规定WTW受益人必须参加强制性的工作培训，英国建立的“工作和福利的混合体”政策具有奖惩机制，使工作对受益者更有利。欧洲发达国家在这方面已经积累了一些经验，但谨防社会救助制度成为福利性依赖而造成贫困和失业陷阱仍是未来欧洲国家减贫面临的主要挑战之一。2019年欧盟27国的贫困风险随着工作强度的增加而下降，60岁以下人群生活在工作强度非常高、高、低和极低的家庭中的贫困风险分别为5.6%、10.1%、40.7%和62.7%，而高福利的瑞典生活在极低工作强度家庭中的贫困风险最高为80.7%[①]。

不平等和贫困息息相关。技术创新和金融全球化尤其偏向于拥有特定技能或积累财富的人，这在一定程度上加剧了国家内部的不平等。新冠肺炎疫情危机可能会导致低收入家庭和其他边缘化群体（如移民和少数民族）的社会经济状况恶化，加剧多种不平等。EUROCHILD网络审查25个欧洲国家中新冠肺炎疫情对儿童的影响，研究结果表明，大流行对儿童的心理健康产生了负面影响，并加剧了社会不平等。然而，一个国家内的资源分布直接影响贫困的程度和深度。2019年，20.9%的欧盟人口面临贫困或社会排斥的风险，但存在城乡差异。由于外迁以及获得服务、基础设施、劳动力市场和教育的机会有限，农村地区往往面临更高的贫困风险，如保加利亚和罗马尼亚等一些欧洲国家的农村贫困发生率非常高，2019年分别有48.5%和44.3%的农村人口面临贫困或社会排斥的风险。然而，奥地利、荷兰和法国等国家的城市贫困发生率远高于农村地区。长期趋势显示自2010年以来贫困差距[②]扩大了1.4个百分点。

不同群体面临的贫困或社会排斥风险存在较大差异，尤其是年轻人、健康受限者和移民的贫困或社会排斥风险值得关注。首先，按年龄分析，2019年欧盟27国的贫困或社会排斥风险最高的是18 ～ 24岁的年轻人

① https://ec.europa.eu/eurostat/statistics-explained/index.php?title=Living_conditions_in_Europe_-_labour_conditions#Risk_of_poverty_and_work_intensity。

② 面临贫困风险的人的收入中位数与贫困线之间的距离。

(27.8%)，而65岁及以上的人的风险最低（18.6%）。其次，健康限制是贫困或社会排斥风险差异的显著决定因素，2019年，欧盟因健康问题而严重限制活动的人比没有活动限制的人面临更高的贫困或社会排斥风险，严重依赖社会转移。再次，外国公民面临贫困或社会排斥的风险更高，如2019年在瑞典和法国的外国公民面临贫困或社会排斥风险分别是本国公民的3.8倍和2.9倍。叙利亚冲突，阿富汗和一些非洲国家的不稳定局势，委内瑞拉、哥伦比亚、洪都拉斯或尼加拉瓜等几个拉丁美洲国家的危机以及伊拉克战争导致过去几年前所未有的移民潮涌入欧洲，移民的成功融入和移民贫困发生率的降低对欧洲社会未来的福祉、繁荣和凝聚力具有决定性意义。此外，2019年欧盟27国女性的贫困或社会排斥风险高于男性（22.0%与20.2%），单亲家庭和有3个及以上孩子的家庭面临更高的贫困或社会排斥风险。

第三章

全球减贫主要议题实施情况

据联合国开发计划署发布的《2030年可持续发展议程》，消除一切形式和表现的贫困是世界最大的挑战，也是实现可持续发展必不可少的要求（UNDP，2015）。自2015年以来，全球平均可持续发展指数平稳上升。直至2020年，新冠肺炎（COVID-19）疫情暴发导致全球范围内贫困率和失业率上升，全球平均可持续发展指数首次下降（SDR，2021）。全球减贫趋势被逆转，减贫目标任重道远。

贫困人口大多生活在医疗、教育和基础设施服务落后，经济不发达的地区。据《贫困与共享繁荣2020：形势逆转》，在全球15岁及以上的贫困人口中，大约70%没有上过学或只有一些基础教育，40%以上的穷人生活在受冲突和暴力影响的经济体中，约有1.32亿穷人生活在洪水风险高的地区。因此，贫困人口面临多重风险。新冠肺炎疫情和气候变化正在对全球经济活动和人们生活产生不利影响，在许多情况下，对生活贫困的人影响更大。

结合《2030年可持续发展议程》重点发展目标，本章针对营养健康、教育发展、基础设施、气候变化四大跨领域议题，讨论其与贫困的关系，回顾全球取得的进展，总结梳理经验，为全球减贫提供借鉴。

营养健康、教育发展、基础设施、气候变化等议题与贫困之间的关系是相互的。这些议题的发展演变影响着贫困，贫困也制约了与这些议题相关的问题的改善。其次，这些议题并不是割裂的，减贫政策需要促进包容性增长和帮助贫困人口获得医疗服务、优质教育、基础设施和碳排放的平等机会。

一、营养健康

（一）全球营养健康和医疗服务在不断改善，但差异仍然显著

近20年以来，全球的健康问题不断得到改善，营养状况尤其是儿童

营养状况得到改善，医疗保健服务覆盖面和服务水平不断提高，社会保障体系在不断完善。营养不良发生率从2000年的16.87%下降到2017年的12.49%，5岁以下儿童发育迟缓的患病率、新生儿死亡率、5岁以下儿童死亡率从2000年的26.07%、23.01‰和69.54‰分别下降到2019年的20.85%、14.74‰和33.80‰。全民健康服务覆盖（UHC）指数（取值范围0 ~ 100）和由熟练卫生人员接生的婴儿比例从2000年的41.18和71.33%分别提高到2017年的60.83和83.73%。

1.营养健康与贫困的相关性

营养不良发生率、5岁以下儿童发育迟缓的患病率、新生儿死亡率、5岁以下儿童死亡率与1.9美元/d标准贫困发生率、3.2美元/d标准贫困发生率、多维贫困指数和多维贫困发生率均呈现显著的正相关性（图3.1），相关系数高达0.7 ~ 0.9。可见，对于贫困国家的贫困人口来说，其仍然面临严重的营养不良、儿童发育迟缓、新生儿和儿童的死亡率高等问题。

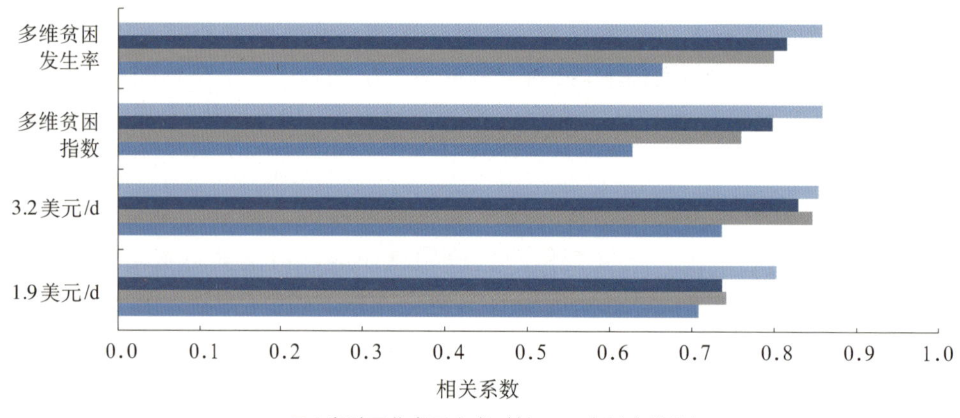

图3.1　贫困与健康的相关性

数据来源：根据*Sustainable Development Report 2021*的数据绘制。

全民健康服务覆盖指数和由熟练卫生人员接生的婴儿比例与贫困发生率存在显著的负相关性，相关系数在 -0.9 ~ -0.7（图3.2）。可见，医疗服务的改善对减贫的贡献显著。

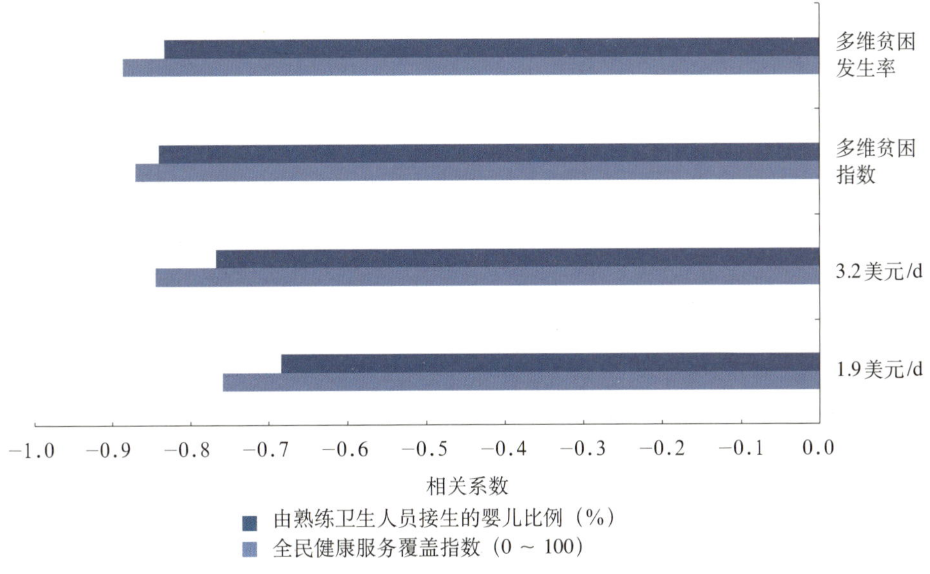

图3.2　贫困与医疗的相关性

数据来源：根据*Sustainable Development Report 2021*的数据绘制。

2.全球营养健康和医疗服务的差异性

高收入、中高收入、中低收入和低收入国家之间的营养健康问题差异显著。低收入国家的食物不足发生率和5岁以下儿童发育迟缓的患病率是高收入国家的7倍及以上，低收入国家新生儿死亡率是高收入国家的8倍以上，而5岁以下儿童死亡率在低收入和高收入国家之间相差高达10倍以上。这些指标在高收入、中高收入国家发生率低，且一直呈现出小幅下降的趋势，而在低收入国家，尽管在过去十年这些指标经历了较大幅度的下降，但仍然维持较高水平。

高收入国家全民健康服务覆盖指数为低收入国家的2倍，高收入国家的由熟练卫生人员接生的婴儿比例比低收入国家高44%。在高收入和中高收入国家，全民健康服务覆盖指数和由熟练卫生人员接生的婴儿比例多年来稳定地维持在较高的水平，而在低收入国家，这两个指标较低，在震荡中有所提高。

（1）高收入国家。在高收入国家，从2000年开始，营养不良发生率一直维持在4%左右；5岁以下儿童发育迟缓的患病率从2000年的6.77%下降到2019年的5.03%；新生儿死亡率和5岁以下儿童死亡率从2000年的

5.89‰和10.92‰分别下降到2019年的3.56‰和6.15‰；高收入国家的全民健康服务覆盖指数从62.98稳步增长至78.88；由熟练卫生人员接生的婴儿比例一直稳固在98%以上。

（2）中高收入国家。在中高收入国家，2001—2018年，营养不良发生率下降了3个百分点，从9.68%下降到6.46%（2018年数据）；从2000年至2019年，5岁以下儿童发育迟缓的患病率下降了5个百分点，从19.31%下降到14.11%；新生儿死亡率下降了6个千分点，从16.40‰下降到9.99‰；5岁以下儿童死亡率下降了17个千分点，从36.25‰下降到18.84‰；同时期，中高收入国家的全民健康服务覆盖指数从46.79增长至2017年的68.83；由熟练卫生人员接生的婴儿比例从91.80%稳步增长至2018年的98.37%，接近高收入国家水平。

（3）中低收入国家。在中低收入国家，2001—2018年，营养不良发生率下降了6个百分点，从19.05%下降到12.96%（2018年数据）；2000—2019年，5岁以下儿童发育迟缓的患病率下降了8个百分点，从34.97%下降到27.12%；新生儿死亡率下降了10个千分点，从28.93‰下降到18.61‰；5岁以下儿童死亡率下降了约一半，从82‰下降到40.26‰；同时期，中低收入国家的全民健康服务覆盖指数从33.72增长至2017年的55.61；由熟练卫生人员接生的婴儿比例增长缓慢，从63.49%稳步增长至2015年的85.95%，而后下降，在2018年仅为65.52%。

（4）低收入国家。在低收入国家，营养不良发生率在2000年为34.59%，至2013年下降了9.57个百分点，为25.02%，而后开始逐渐上升，2018年为26.58%；5岁以下儿童发育迟缓的患病率在2000年为43.22%，到2019年仍然高达37.14%；尽管新生儿死亡率和5岁以下儿童死亡率分别从2000年的40.82‰和148.97‰下降到2019年的26.78‰和69.96‰，但仍然是一个很高的水平；全民健康服务覆盖指数从2000年的21.22上升至2017年的40；由熟练卫生人员接生的婴儿比例从2000年的31.23%上升到2018年的55.3%。可见，尽管低收入国家的医疗服务水平和覆盖率有所提升，但食物不足、儿童发育迟缓、新生儿和儿童的高死亡率等健康问题在低收入国家并未得到有效改善。

3.重点国家和区域

（1）贫困问题不断加剧的国家。2010—2021年，刚果（布）、委内瑞拉、南苏丹、中非和尼日利亚贫困问题严重且在不断加剧，1.9美元/d标准贫困发生率分别增长了35.39%、43.88%、31.17%、13.59%、6.16%。这些国家的健康问题尤其值得关注。

在刚果（布），营养不良发生率与全球的总体发展趋势不同，从2001年的27.1%上升到2008年的35.6%，之后逐渐下降至2018年的28%；5岁以下儿童发育迟缓的患病率在2000年为27.54%，到2019年仍然高达21.31%；新生儿死亡率有所下降，在2000年为30.70‰，到2019年为19.30‰；5岁以下儿童死亡率下降显著，从2000年的159.5‰下降到2019年的84.8‰，仍然是很高的水平；全民健康服务覆盖指数从2000年的21.22上升至2017年的39；由熟练卫生人员接生的婴儿比例从2005年的83.4%上升到2015年的94.4%。

委内瑞拉的贫困问题在近几年急速恶化，从2015年的9.97%升至2021年的53.37%，导致其成为拉美贫困率最高的国家之一。贫困问题恶化之前，委内瑞拉的健康和医疗服务相对较好，相关指标都维持在不错的水平。但营养不良发生率的变化反映了其不断恶化的食品不足问题，该指标从2001年开始呈下降趋势，2009—2011年维持在2.5%的低水平，之后增长，尤其是2015年之后迅速增长，2018年高达31.4%。

南苏丹营养不良发生率数据缺失；5岁以下儿童发育迟缓的患病率在2000年为37.9%，到2019年仍然高达30.72%；新生儿死亡率（每1 000名活产婴儿）缓慢下降，在2000年为56‰，到2019年仍然高达38.6‰；5岁以下儿童死亡率（每1 000名活产婴儿）下降显著，从2000年的181.2‰下降到2019年的96.2‰，仍然是很高水平；全民健康服务覆盖指数从2000年的19上升至2017年的31；由熟练卫生人员接生的婴儿比例数据在大部分年份缺失，在2005年和2010年仅为9.4%和19.4%。

中非营养不良发生率数据缺失；5岁以下儿童发育迟缓的患病率下降缓慢，在2000年为41.48%，到2019年仍为40%；新生儿死亡率缓慢下降，在2000年为49.4‰，到2019年为39.7‰；5岁以下儿童死亡率有所下降，从2000年的169.8‰下降到2019年的110.1‰，仍然是很高水平；全民健康服务覆盖指数从2000年的18上升至2017年的33；由熟练卫生人员接生的婴儿比例数据在大部分年份缺失，有数据的年份显示仅为40%左右。

在尼日利亚，营养不良发生率先下降后上升，从2001年的9.1%下降到2008年的7.2%，之后逐渐上升至2018年的12.6%；5岁以下儿童发育迟缓的患病率在2000年为40.2%，到2019年仍然高达36.57%；新生儿死亡率缓慢下降，在2000年为46.3‰，到2019年仍然高达35.9‰；5岁以下儿童死亡率从2000年的183.1‰下降到2019年的117.2‰，仍然是很高水平；全民健康服务覆盖指数从2000年的22上升至2017年的42；由熟练卫生人员接生的婴儿比例从2003年的35.2%增长至2018年的43.4%，但仍然处于一个较低的水平。

（2）**贫困与健康交叉问题严重区域**。健康医疗服务在全球的覆盖极不均衡，贫困发生率高且全民健康服务覆盖指数低的国家主要集中在撒哈拉以南的非洲地区。图3.3为贫困发生率和全民健康服务覆盖指数的联合分布图。图例中的横轴代表1.9美元标准贫困发生率，从左到右贫困发生率逐渐升高，纵轴代表全民健康服务覆盖指数，从下到上逐渐降低，健康医疗服务逐渐变差。图中深绿色的地区为贫困发生率高且全民健康服务覆盖指数低的地区，主要集中在撒哈拉以南的非洲地区。

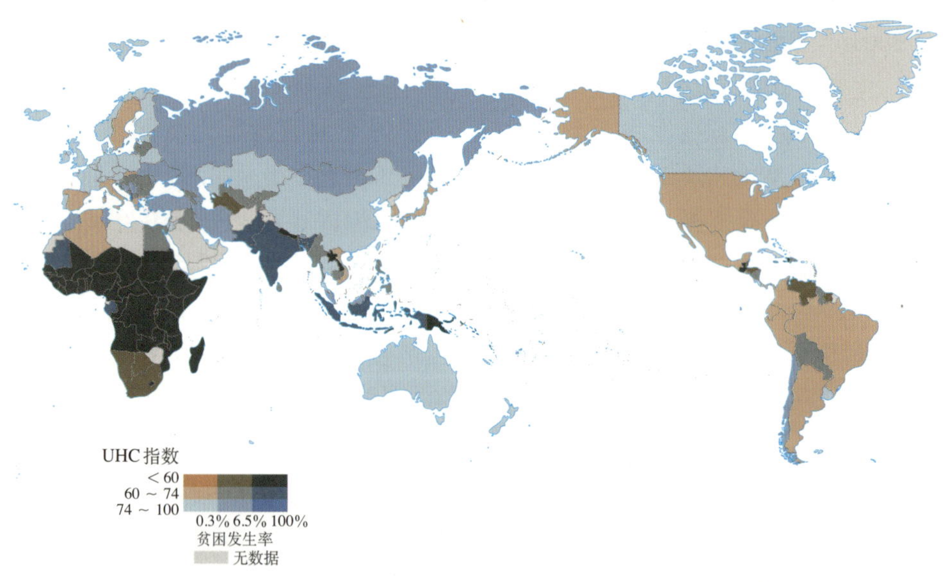

图3.3 全球贫困与健康的联合分布

数据来源：根据*Sustainable Development Report 2021*的数据绘制。

（二）贫困对健康造成严重的影响

1.贫困与儿童身心健康

贫困的环境造成儿童的社会情感困难，影响其行为健康，导致他们产生精神类疾病的风险增加。因为贫困的出生环境意味着住房不标准、噪声、拥挤、家庭不稳定、社区动荡等，多重生理和心理压力源使得儿童在社会中产生情感困难（Evans et al.，2002），增加他们产生精神类疾病的风险（Wickham et al.，2016；Lai et al.，2019；Yang-Huang，2021）。这是因为常见精神类疾病与社会经济地位和社会压力紧密相关，一些生活中的压力事件会对海马体产生影响从而影响儿童的大脑发育（Lund et al.，2010；Luby et al.，2013）。原发性的贫困环境使得儿童精神发病率更高，虽然一些行为症状和对立违抗性障碍可以通过后期家庭收入的增加得到改善，但是焦虑、抑郁等一些精神类疾病并不容易因为后天环境的改变而得到改善（Costello et al.，2003）。

2.贫困与早产和出生死亡率

贫困导致早产（PTB）风险增加，婴儿出生体重偏低，婴儿出生死亡率增加。居住在社会经济贫困地区的妇女早产风险高于其他潜在危险因素（DeFranco et al.，2008；Britton et al.，2013）；与长期低贫困社区相比，长期高贫困社区和贫困加剧的社区早产的概率分别增加了41%和37%（Margerison-Zilko et al.，2015），这与对于不良分娩结果的干预措施没有覆盖到偏远的农村地区和高度贫困社区有关（Kent et al.，2013）；早产风险也与预防早产措施可负担性密切相关（Pearl et al.，2018），预防早产的药物昂贵，呈现出“贫困人群的早产率最高，中下阶层的早产率较低，中上阶层和富裕阶层的早产率最低”的现状（Hesson et al.，2021）。

综合贫困人群出生婴儿的情况来看，长期居住在低收入社区是导致拉丁裔白人和非裔美国女性所产婴儿出生体重低的危险因素（Collins et al.，2009a，2009b）；且贫困导致的出生体重较轻还可能会对孩子的发育和成长产生持久的影响（Strully et al.，2010）；Gigante等（2015）研究了从父母出生到成年的社会经济轨迹与下一代的胎龄和出生体重之间的关联，母亲童年贫困与下一代体型较小和妊娠时间较短密切相关。

贫困家庭的婴儿出生死亡率较高。大量的证据证实了婴儿出生死亡率与社会经济程度差异之间的关系。如Jahan（2008）的研究表明出生在贫困家庭的婴儿死亡风险显著增加；Sharaf 等（2018）证实埃及的农村地区和低收入家庭的婴儿死亡率高于全国平均水平，且婴儿死亡率与家庭财富和怀孕期间的定期保健呈现出了明显的负向相关性；Taylor-Robinson等（2019）认为英国2014—2017年婴儿死亡率增加可归部分原因于儿童贫困的加剧，最贫困地区与非贫困地区的婴儿死亡率差异在不断扩大；Mohamoudet等（2019）和Mohamoud等（2021）观察美国的数据，发现在高度贫困和非常偏远的县满月婴儿死亡率、婴儿猝死、先天性畸形等均高于非贫困地区。

3.贫困与疾病

贫困引起肥胖、超重，增加糖尿病和慢性肾病患病率，提高疾病死亡率。肥胖率最高的人群是贫困率最高、受教育程度最低的人群（Drewnowski et al.，2004），这与贫困人口的饮食习惯相关，贫困往往意味着粮食不安全与较低的粮食支出、较低的水果和蔬菜消费等较低质量的饮食，饮食成本的降低导致了高脂肪、高能量的饮食增加。营养过剩取代营养不足，成为低收入社区疾病率和死亡率增加的重要原因（Tanumihardjo et al.，2007）。贫困地区有效公共卫生政策难以实施，控制传染病的能力较差，更容易产生高危传染病，如艾滋病的发病率和代际传播的风险大大增加（Cluver et al.，2013），贫困地区肠道蠕虫、阿米巴病和痢疾等流行率较高（Muli et al.，2020）。贫困与慢性疾病的发生密切相关，如慢性阻塞性肺疾病患病率（Lee et al.，2019），心血管疾病（Al-Turk et al.，2018）；饮食上的不健康也导致了与饮食相关的慢性疾病的产生，如贫困地区糖尿病和慢性肾病发病率往往高于平均水平（Hsu et al.，2012；Crews et al.，2015）。贫困也提高了疾病的死亡率，如Palacio-Mejia等（2003）和Marcus等（2017）发现教育程度低、失业率高、经济水平低、农村居住和医疗保健不足等状况下的贫困人群的癌症死亡率更高。

二、教育发展

（一）国别、区域之间教育发展不平衡仍然存在

近20年以来，全球的教育情况不断得到改善，教育普及尤其是初等教育状况得到很大改善，取得的教育成果也十分显著，全球教育体系正在不断完善。全球小学净入学率从2000年的81.15%上升到2020年的90.23%，中等教育完成率、高等教育程度（占25 ~ 34岁人口的百分比）从2000年的53.66%、30.24%分别上升到2019年的74.01%、38.43% 。PISA考试成绩（国际学生评估项目，考试成绩为0 ~ 600分）从2012年的447.23分提高到2018年的449.90分。科学成绩不良者比例从2006年的38.63%下降到2018年的35.20%。

1.教育发展与贫困的相关性

小学净入学率、中等教育完成率和高等教育程度与1.9美元/d标准贫困发生率、3.2美元/d标准贫困发生率均呈现显著的强负相关性（图3.4），即教育普及率越高，贫困发生率越低，其中中等教育完成率与贫困的负相关性最强。可见，教育的普及与贫困密切相关，对于贫困国家的贫困人口来说，仍然面临着教育普及程度低的问题。

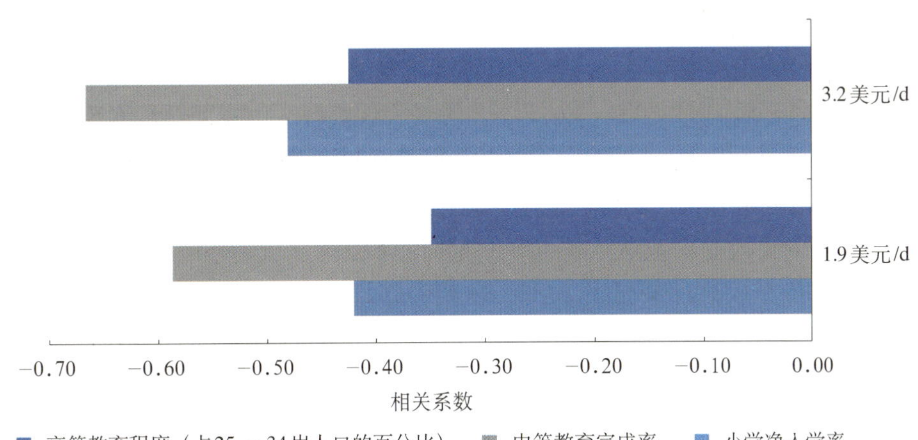

图3.4　教育普及与贫困的相关性

数据来源：根据*Sustainable Development Report 2021*的数据绘制。

PISA考试成绩与贫困发生率反向相关，科学成绩不良者占比与贫困发生率正向相关。贫困对儿童在学校的教育成果有显著的负影响（图3.5）。

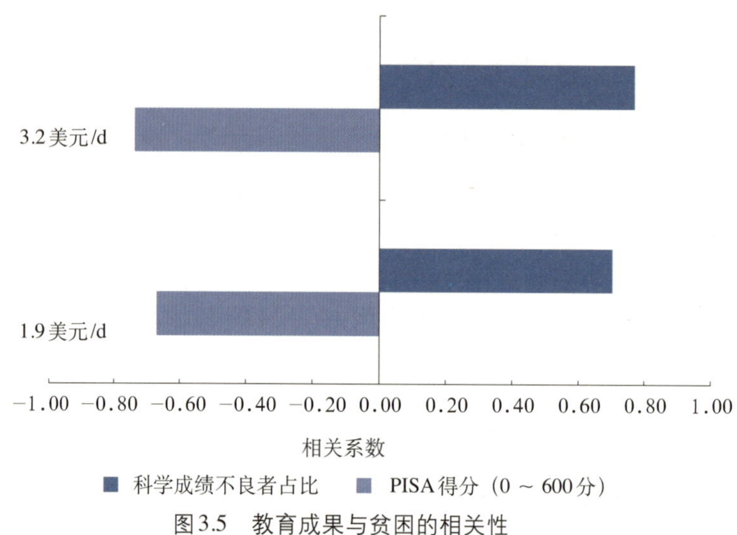

图3.5 教育成果与贫困的相关性

数据来源：根据*Sustainable Development Report 2021*的数据绘制。

2.全球教育发展的差异性

高收入、中高收入、中低收入和低收入国家之间的教育普及差异显著。尽管全球范围内各级教育的普及程度都呈现上升的趋势，但城乡、国别、区域之间教育发展不平衡仍然存在。

高收入国家的小学净入学率是低收入国家的近2倍，高收入国家中等教育完成率是低收入国家的4倍以上。各类教育在高收入国家普及程度比较高，且一直呈现上升趋势。在低收入国家，尽管在过去10年小学净入学率已经有了较大幅度的上升，达到较高水平，但中等教育完成率仍在较低水平。

在高收入和中高收入国家，PISA得分和科学成绩不良者占比多年来稳定地维持在较高和较低的水平，这两个指标在中低和低收入国家暂无可用参考数据。

（1）高收入国家。在高收入国家，大致实现了中低等教育全覆盖。从2000年开始，小学净入学率一直维持在98%左右；中等教育完成率从2000年的91.61%上升到2018年的98.66%；高等教育程度从2000年的30.24%上涨到2019年的46.98%；高收入国家民众的PISA考试成绩一直维持在

494分以上；科学成绩不良者占比从2006年的17.08%下降到2012年的15.82%，之后占比有所提升但仍保持在较低水平。

（2）中高收入国家。中高收入国家小学入学率保持高水平，2000—2019年，小学净入学率上涨了6个百分点，从90.40%上升到96.20%；中等教育完成率上涨了19个百分点，从67.38%上升到86.03%。从2014年到2019年，高等教育程度上涨了2个百分点，从27.74%上升到29.87%。同时，中高收入国家的教育成果也十分显著，全民PISA考试成绩从392.67分增长至2018年的405.33分；科学成绩不良者占比从60.17%下降至2018年的50.37%。

（3）中低收入国家。中低收入国家小学入学率缓慢提高，从2000年的80.03%上涨至2019年的92.75%，但在2020年又下降至81.67%。中等教育完成率上涨了33个百分点，从34.84%上升到2020年的67.45%。高等教育程度、PISA考试成绩以及科学成绩不良者占比均无可参考数据。

（4）低收入国家。在低收入国家，小学净入学率逐渐上升，在2000年为55.70%，至2020年为98.78%；中等教育完成率在2000年为20.81%，到2019年上涨至41.04%，仍在较低水平。高等教育程度、PISA考试成绩以及科学成绩不良者占比均无可参考数据。

3.重点国家和区域

（1）贫困问题不断加剧的国家。在贫困不断加剧的刚果（布）、委内瑞拉、南苏丹、中非和尼日利亚，教育指标数据缺失严重，但是，已有的数据显示这些国家的教育问题尤其令人担忧。

在刚果（布），小学净入学率稳步提升，从2005年的51.83%上升到2012年的89.29%，低于低收入国家的平均水平。中等教育完成率在2000年为27.23%，到2019年达到50.10%，仍在较低水平。

委内瑞拉的教育普及程度较高，小学净入学率和中等教育完成率都维持在不错的水平，但随着贫困发生率恶化，教育普及度呈下降趋势。小学净入学率从2000年的91.75%上涨到2012年的96.11%，随后又下降至2017年的90.39%；中等教育完成率从2000年的51.16%上涨到2013年的80.00%，之后下降至2017年的75.23%。

南苏丹的教育指标数据大部分缺失。其中，小学净入学率从2011年的44.50%下降至2015年的37.64%，是所有贫困问题恶化国家中的最低水平。

中等教育完成率2011年仅为18.00%。

在中非，小学净入学率缓慢上升，在2000年为47.62%，到2012年为66.56%；中等教育完成率维持在极低水平并缓慢上升，在2005年为8.53%，到2012年为12.74%。

在尼日利亚，小学净入学率先上升后下降，从2000年的66.18%上升到2007年的71.67%，之后逐渐下降至2010年的65.98%；中等教育完成率在2000年为25.07%，到2010年稳步上涨到47.07%。

（2）贫困与教育交叉问题严重区域。贫困与教育交叉问题严重的国家集中在撒哈拉以南的非洲地区。图3.6为1.9美元标准贫困发生率和中等教育完成率的联合分布图。图例中的横轴代表贫困发生率，从左到右贫困发生率逐渐升高，纵轴代表中等教育完成率，从下到上逐渐降低，中等教育完成率逐渐下降。图中深绿色的地区为贫困发生率高且中等教育完成率低的地区，主要集中在撒哈拉以南的非洲地区，其中部分国家存在中等教育完成率不错，但贫困问题仍然严重的现象。

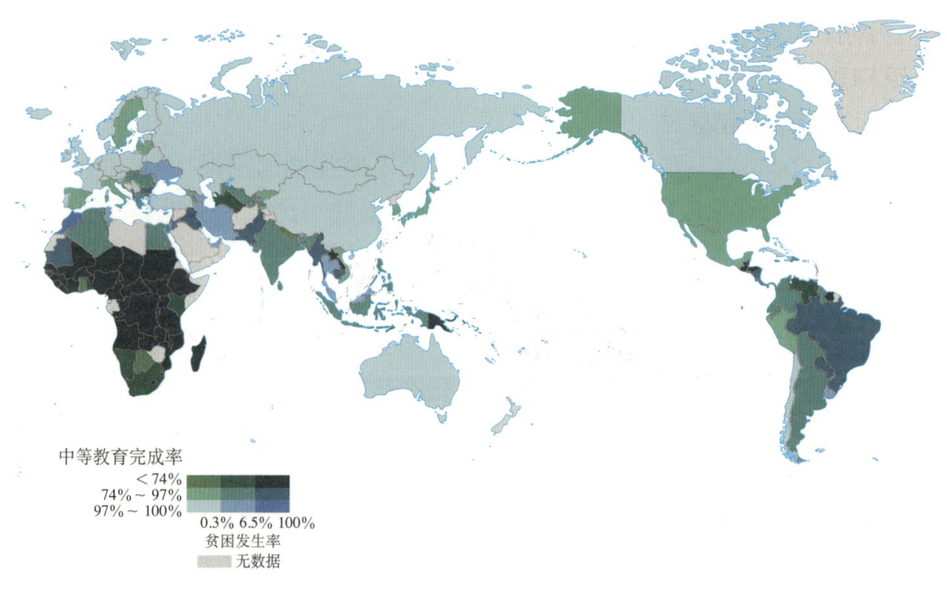

图3.6　全球教育与贫困的联合分布

数据来源：根据*Sustainable Development Report 2021*的数据绘制。

（二）贫困削弱了儿童教育成果

1.贫困影响教育成果

贫困对儿童的教育成果有显著的负影响，且贫困的时间持续越长，负影响越明显。通过对比富裕家庭和贫穷家庭，发现富裕家庭所拥有的财富效应能够帮助改善孩子的学习成果，贫穷家庭所面临的贷款约束等资金困境导致了更高的辍学率（Brown et al.，2002）。而且，富裕家庭往往会选择高教育投资，而贫穷家庭则会选择高生育率，进一步扩大了贫穷家庭对教育投资不足的缺陷，容易陷入贫困陷阱，导致高辍学率、代际贫困等结果的产生（Moav，2005）。Herbers等（2012）对比出生在贫穷家庭和富裕家庭孩子的成就，发现来自不同家庭孩子在成就上的差距在早期就已经出现且随着时间不断持续，这是因为贫困儿童在入学时的学习技能比非贫困儿童要少，而这些差异在成年后便转化为穷人较低的成就、受教育程度和经济稳定性（Miller et al.，2019）。

研究进一步提供了贫困对教育成果的负面影响的具体证据：Alexander等（2020）指出了经济困难的学生在阅读和数学方面的成绩略低；Daniele（2021）对35个意大利和西班牙地区的样本进行了测试，结果表明相对贫困对数学平均分数的影响是非常显著的；Liu等（2019）发现贫穷的环境条件影响中国社会经济地位低的学生的高考成绩，并导致较低的大学录取率。

2.贫困影响教育成果的传导机制

研究从医学和代际传递等角度研究贫困对教育成果的影响机制。Blair等（2011）的研究表明不同家庭（贫穷与富裕）的父母对待孩子的教育呈现出消极或是积极的态度会在婴幼儿时期影响幼儿唾液皮质醇的分泌，较高水平的唾液皮质醇与儿童后期较低的执行能力和较低的智商有一定的联系；Raver等（2013）的研究表明长期处于贫困环境和经济困难的压力可以导致气质的脆弱性，进而导致儿童的执行功能较弱；Hair等（2015）的研究表明贫困对儿童学习和成就的影响是由大脑结构发展介导的；且贫困本身似乎能够降低认知能力，因为与贫困相关的担忧消耗精神资源，留给其他任务的资源就更少（Engle et al.，2008；Mani et al.，2013）；Hentges等（2019）将动机教育理论和生活史策略进化理论相结合，强调了以学生感知的学习成本为中介，贫困与较差的数学学习成果相关联；Hardy等（2020）跟踪青春期到成年期家庭收入动态，研究家庭低固定收入和收入波动与子女的高中毕业、大学入学和辍学之间的相关关系，阐明了贫困是驱动较差的教育成果代际传递的潜在机制。

3.教育减贫政策

专栏3.1 改变贫困、教育先行——布基纳法索

布基纳法索是世界最不发达国家之一，在经济上，以农牧立国。该国资源匮乏，且地处沙漠边缘，可耕地面积较少，境内唯一的一条铁路由首都瓦加杜古通往科特迪瓦。外援是建设资金和弥补预算赤字的主要来源。尽管贫困依然是布基纳法索有待解决的问题，但其贫困发生率正在缓慢降低，极端贫困发生率从2010年的50%下降至2020年的33%，3.2美元/d贫困发生率从80%下降至68%。

布基纳法索教育的发展为其减贫作出重大贡献。小学入学率逐年提高，2018年达到80%，在全球193个国家中，布基纳法索在过去10年小学入学率的提高排名第二。布基纳法索现有小学3 368所，在校学生705 927人；中学293所，在校学生146 850人。高等学府3所，即瓦加杜古大学、博博工科综合大学和库杜古高等师范学校，其中瓦加杜古大学为综合性大学，注册学生约1万人。除本国学生外，还有非洲9个国家的数百名留学生。成人识字率36%。此外，还有各种扫盲、培训中心3 978个，约11万人学习。

教育一直是解决贫困的根本路径，但为了实现减贫进行的教育投资政策实施效果存在差异。不同国家的国情不同，贫困基础也不同，教育减贫政策的实施效果因地而异。Schultz（2004）的研究表明为墨西哥农村贫困母亲提供教育补助的“进步计划”提高了子女的入学率；Nkurunziza等（2017）针对卢旺达的研究表明，政府在教育减贫上所采取的直接财政资助或实物资助可能无法直接改善贫困家庭子女教育状况，而提供医疗保险和有薪工作能帮助贫困子女接受教育，所以降低家庭的脆弱性会使他们更平等地获得教育机会。在发展中国家，教育减贫和技能培训相联系，确保青年人掌握必要的就业技能，使他们摆脱贫困。

专栏3.2　教育致贫的悖论

发展教育在减贫方面发挥着重要的作用，受教育程度的提高可以帮助家庭摆脱代际贫困。但是，教育致贫的悖论也引起了学者们的关注。通过考察教育成本与贫困的关系，Zhang（2014）发现教育成本负担间接导致了中低收入家庭贫困，高等教育的成本远远超出了中低收入家庭的承受能力。中国家庭面临着一个两难的境地：借钱让孩子接受教育，还是为了避免债务而放弃教育和流动性。这种教育致贫的现象引起了人们的关注。教育致贫是在收入既定的条件下家庭教育刚性支出所导致的消费支付性贫困，属于暂时性的，农户子女上学显著增加了家庭陷入暂时性贫困的概率，特别是家庭有多个上学子女时对增加贫困的效应更为明显（张永丽等，2017）。

事实上，教育致贫是一个在农村、贫困地区被放大的个体化问题，也表现为教育收益减低导致的个体致贫和农村贫困地区的发展困境，其根源在于价值观念滞后导致的选择性失当。所以，教育首先需要转变传统农村“学历至上”“劳心者治人”等价值观，避免因个体盲目选择而导致投资风险增大，从而规避“教育致贫”现象的发生。

三、基础设施

（一）贫困发生率越高的地区，基础设施配套越不完善

基础设施建设包含的内容广泛，是生产和生活共同的物质基础，从各个方面影响着减贫的进程。本部分从水资源基础设施、燃料基础设施、能源基础设施、互联网基础设施和交通基础设施5个方面展开讨论。

在过去20年，全球范围内的水资源基础设施、能源基础设施、互联网基础设施和交通基础设施均不断得到改善。使用清洁饮用水人口比例从2000年的75.50%上升到2017年的83.30%，获得清洁燃料的人口比例

从2000年的48.28%上升到2016年的57.20%。用电人口比例、使用互联网人口比例从2000年的62.73%、6.65%分别上涨到2017年的77.05%、46.87%。物流网指数（指贸易和运输相关的基础设施的质量，取值区间为1～5）从2010年的2.53稳步增长到2016年的2.64。

1.基础设施与贫困的相关性

使用清洁饮用水人口比例、获得清洁燃料的人口比例、用电人口比例、使用互联网人口比例、代表贸易和交通基础设施的物流网指数与1.9美元/d标准贫困发生率、3.2美元/d标准贫困发生率、多维贫困指数（$MPI=H\times A$）和多维贫困发生率（H）之间的负相关性很强且在统计上显著（图3.7）。可见，基础设施的完备程度与贫困发生率呈负相关，即基础设施配套越完善，贫困发生率越低。

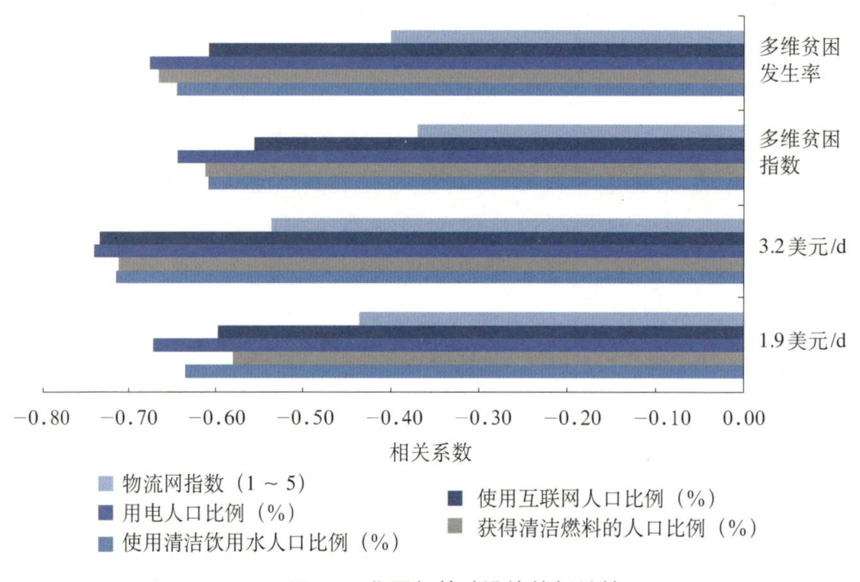

图3.7 贫困与基础设施的相关性

数据来源：根据*Sustainable Development Report 2021*的数据绘制。

2.全球基础设施的差异性

高收入、中高收入、中低收入和低收入国家之间的基础设施差异显著。高收入国家使用清洁饮用水人口比例是低收入国家的2倍及以上，高收入国家获得清洁燃料的人口比例是低收入国家的5倍以上，而使用互联网人口比例在高收入和低收入国家之间相差高达41倍左右。基础设施在高收入、中高收入国家覆盖率高，且呈现上升趋势。在低收入国家，尽管在过去10年经历了稳步上涨，基础设施的覆盖率仍然较低。

（1）高收入国家。在高收入国家，从2000年开始，使用清洁饮用水人口比例一直维持在98%左右；获得清洁燃料人口比例从2000年的94.15%上升到2016年的96.79%；用电人口比例呈现先上升后下降的趋势，但总体在99%左右波动；使用互联网人口比例从2000年的22.32%大幅度上升至2019年的85.20%；高收入国家的物流网指数一直稳固在3.47以上。

（2）中高收入国家。在中高收入国家，2000—2017年，使用清洁饮用水人口比例上涨了5个百分点，从89.22%上涨到94.50%；2000—2016年，获得清洁燃料人口比例上升了17个百分点，从61.93%上涨到78.70%；用电人口比例上涨了10个百分点，从2000年的86.47%上涨至2018年的96.77%；使用互联网人口比例上涨了58个百分点，从2000年的3.28%上升到2019年的61.27%；物流网指数先上升后下降，从2.45增长至2012年的2.65，随后下降到2018年的2.58。

（3）中低收入国家。在中低收入国家，2000—2017年，使用清洁饮用水人口比例上升了11个百分点，从68.86%上升到80.16%；获得清洁燃料人口比例上涨了12个百分点，从2000年的28.30%上升到2016年的40.39%；2000—2018年用电人口比例上涨了28个百分点，从50.27%上涨到77.85%；使用互联网人口比例增长了41倍之多，从2000年的0.83%迅速增长至2019年的34.52%；物流网指数上升了0.1，从2.21增长至2018年的2.31。

（4）低收入国家。在低收入国家，使用清洁饮用水人口比例在2000年为45.29%，至2017年上涨了13.97个百分点，为59.26%；获得清洁燃料的人口比例在2000年为8.75%，到2019年上升至12.94%；用电人口比例从2000年的14.55%上升至2018年的39.64%；尽管使用互联网人口比例上涨显著，从2000年的0.16%上升到2019年的13.75%，但还是很低的水平；物流网指数从2010年的1.98上升至2018年的2.08。

3.重点国家和区域

（1）贫困问题不断恶化的国家。在刚果（布），使用清洁饮用水人口比例从2000年的57.16%上升到2017年的73.22%；获得清洁燃料人口比例在2000年为10%，到2016年上涨至24.13%；用电人口比例从2006年的33.89%稳步上升到2018年的68.52%；使用互联网人口比例在2000年为0.03%，2019年上升至8.65%，仍在极低水平；物流网指数从2010年的1.62上升至2016年的2.60，之后下降到2018年的2.07。

委内瑞拉的基础设施较好，所以使用清洁饮用水人口比例、获得清洁燃料人口比例、用电人口比例以及物流网指数等指标都维持在不错的水平，使用互联网人口比例增长迅速，从2000年的3.36%增长至2019年的72%。

南苏丹使用清洁饮用水人口比例在2011年为41.09%，2017年下降至40.68%；获得清洁燃料人口比例有缓慢上升趋势但比例极低，从2000年的0.5%上涨到2016年的0.64%；尽管用电人口比例上涨迅速，在2009年为3%，2018年上升至28.20%，但还是很低的水平；使用互联网人口比例也是缓慢增长，从2013年的3.83%增长至2019年的7.98%；物流网指数数据缺失。

中非使用清洁饮用水人口比例呈下降趋势，在2000年为58.26%，2019年为46.33%；获得清洁燃料人口比例缓慢上涨，在2000年为0.57%，2016年为0.97%；用电人口比例有所上升，从2000年的6%上升到2018年的32.42%；使用互联网人口比例一直在极低水平，到2019年仅为4.34%；物流网指数从2012年的2.09下降至2018年的1.933。

在尼日利亚，使用清洁饮用水人口比例从2000年的48.15%上升到2017年的71.38%；获得清洁燃料人口比例在2000年为0.84%，2016年仍然仅为4.91%；用电人口比例缓慢上涨，从2000年的42.86%上升到2018年的56.5%；使用互联网人口比例从2000年的0.06%大幅度上升到2019年的42%，仍然低于全球平均水平；物流网指数从2010年的2.43上升到2018年的2.56。

（2）贫困与基础设施交叉问题严重区域。基础设施在全球的覆盖极不均衡。以用电人口比例为例，其在全球的覆盖极端不均衡，高收入国家实现用电全覆盖，从2000年至2018年其用电人口比例均保持在99%以上，低收入国家的能源基础设施覆盖仍需改善，平均用电人口比例在2000年仅为14.55%，到2018年增长至39.64%，但处于较低水平。重点需要改善的地区是撒哈拉以南的非洲地区。图3.8为1.9美元标准贫困发生率和用电人口比例的联合分布图。图例中的横轴代表贫困发生率，从左到右贫困发生率逐渐升高，纵轴代表用电人口比例，从下到上逐渐降低，用电人口比例逐渐下降。图中深蓝色的地区为贫困发生率高且用电人口比例低的地区，主要集中在撒哈拉以南的非洲地区。

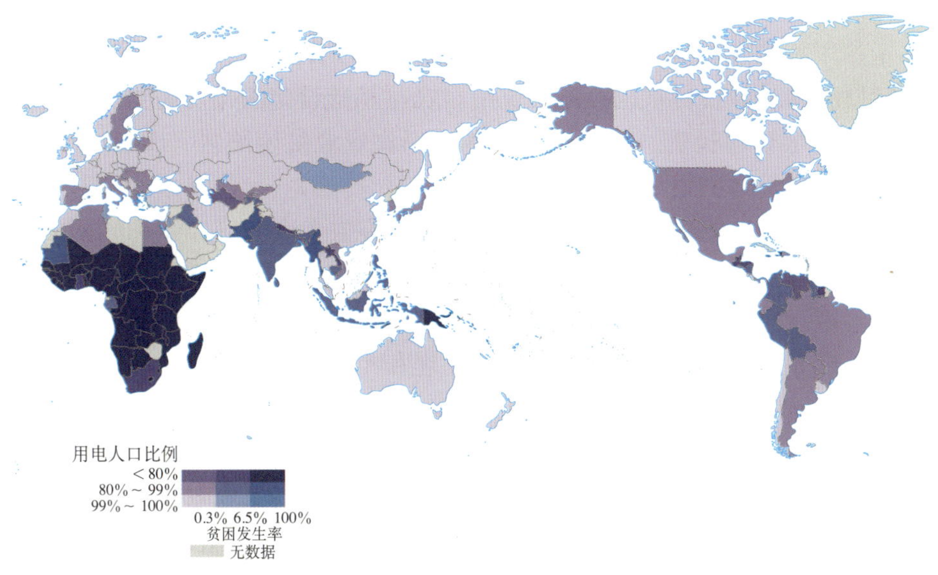

图3.8　全球贫困与基础设施的联合分布

数据来源：根据*Sustainable Development Report 2021*的数据绘制。

（二）减贫与基础设施

1.水资源基础设施

水资源基础设施的改善有助于提高农业生产率、促进农业经济增长，最终有效地减轻地区贫困程度。

贫困地区的主要经济生产方式为农业。以非洲为例，撒哈拉以南非洲的大部分地区都面临缺水和贫困的问题，非洲大陆只有不到4%的可再生水资源被用于农业和其他用途。水资源短缺，基础设施薄弱是导致贫困的主要自然因素，农业干旱损失提高了农户贫困发生率和未来发生贫困的可能性。中国水治理实践论证了水资源基础设施对减贫的作用，通过水资源基础设施的投资，节水灌溉技术显著降低农户贫困发生率和贫困脆弱性，减贫效应显著（Hu，2009）。

对农业水管理的投资有助于实现消除贫困和饥饿，确保环境可持续性的千年发展目标。增加对土地和水资源以及相关农村基础设施的投资是提高农业生产率、促进农业和经济增长以有效减轻贫困的关键途径（Hanjra et al.，2009）；Abdul-Rahim等（2018）认为水资源基础设施的投资可以改变贫困地区粗放型农业经济的现状，合理的水土保持能够促进农业经济的发展和减少农村贫困；对农业用水农村基础设施的投资需要配以配套的农业用水管理投资，才能够打破非洲小农农业贫困陷阱（Hanjra et al.，2009）。

在水资源基础设施改善的基础上，需要在农业科技、政策和机构、经济改革、解决全球农业贸易不平等等方面进行配套投资。灌溉投资有助于减少贫困，但当人力资本和农村市场发展良好时，灌溉投资的减贫影响更大，所以要求同时投资于教育、市场发展和相关的政策支持措施，以减少农业的贫困（Namara et al.，2010；Hanjra et al.，2009）。

2.能源基础设施

能源基础设施的投入通过改善家庭的收支、提高家庭受教育程度、改善区域就业，实现家庭贫困状况的改变。Khandker等（2012）实证检验了电网电气化对家庭收入、支出和教育的正向影响，电气化带来的家庭总收入增加高达21%，贫困率每年减少1.5%；Gibson等（2010）认为改善农村能源基础设施的使用和质量，促进发展中国家的贫困农村中的非农业产业发展，进而推动经济增长，创造就业多样化，从而减少贫穷；Dinkelman（2011）认为家庭电气化使妇女从家庭生产中解脱出来，并使微型企业得以发展，从而增加了就业；Grogan等（2013）针对尼加拉瓜农村电气化的研究表明，电力使尼加拉瓜农村妇女外出工作的倾向增加了约23%；Parikh等（2015）研究显示提供电气化服务提高了女性受教育程度，使识字率提高了62%，收入提高了36%，医疗费用降低了26%。

能源基础设施的投资要考虑可负担性。Lenz等（2017）针对卢旺达的一项研究表明在电气化大约3.5年后，用电量和电器的使用量仍然很低，因此电力基础设施对于当地收入、健康和教育等传统贫困指标的影响微弱。

3.互联网基础设施

互联网及通信基础设施的投资对于减贫具有积极的影响，但是技术壁垒的存在导致需要配合其他方面的补充投资才能将其发挥更大的作用。

贫困地区互联网技术发展的回报率是有条件性的，相对模糊的。Galperin等（2017）的研究表明，互联网基础设施的投入需要一系列的技能以及对人力资本和组织变革的补充投资，如受过良好教育的工人和拥有更多创新能力和融资渠道的公司。Yin等（2021）认为强化通信基础设施投资有利于促进居民人均收入和地方经济增长，对扶贫具有关键作用，但随着时间的推移，通信基础设施投资对地方GDP增长率和地方政府收入的刺激逐渐减弱，需要获取更多的财政和技术支持，以提高这些领域可持续发展的效率和质量。互联网基础设施的投入是减少贫困的有效机制，但是由于贫困地区发展的差异，减贫效果存在区域不一致性，欠发达地区的效果要弱于发达地区（Garcia-Mora et al.，2021）。

4.交通基础设施

交通投资，特别是公路投资，改善了地区的可达性，增加了地区的就业机会，降低了运输成本，对于区域经济增长和减贫至关重要，应该成为减贫政策选择的优先事项。

许多国家的实践证实了交通基础设施的投入将增加获得公共服务的机会，降低贫困的发生。对中国东部、西部地区的研究表明道路投资对减贫的贡献最大（Fan et al.，2008）；Jin等（2018）以国家级贫困县作为案例，分析认为县域交通可达性的改善显著影响了GDP、市场距离、产业距离、交通分割与贫困分割，为扶贫和经济社会发展提供有力支撑；侯秀英（2019）指出交通基础设施建设是实施乡村振兴战略的基础，交通可达性与多维贫困发生率的降低之间存在协同促进的关系；Dercon等（2009）基于埃塞俄比亚的研究发现全天候公路的开通使当地贫困人口减少6.9%，消费增长提高16.3%；Mottaleb等（2019）认为道路运输系统的改善有利于孟加拉国经济落后地区劳动力分配、投入使用和生计多样化，贫困地区劳动力的流动会增强贫困家庭应对经济冲击的能力；Wahyuningsih等（2020）结合印度尼西亚的农产品经济，指出良好的道路基础设施可以促进区域间的互联互通，降低运输成本和物流成本，提高产品竞争力，使贫困人口从经济增长中获益；Medeiros等（2021）评估了基础设施供应对巴西家庭贫困的影响，当基础设施质量和可达性提高时，这些影响就会得到加强，消除基础设施的不平等对于减贫工作至关重要。

但是，道路交通的可负担性影响了公路基础设施投资对于减贫的实施效果。Bryceson等（2008）认为由于穷人相对缺乏机动车辆和支付公共交通费用的能力，仅投入道路投资不是提高农村穷人流动性的充分条件；Salon等（2010）通过一项针对肯尼亚内罗毕4 375名贫民窟居民的调查表明，大多数人无法负担城市中任何一种机动交通工具的费用；Pasha等（2020）指出当公共交通系统的扩张导致住房成本增加时，它可能会导致低收入群体的迁移，因此交通基础设施扶贫投资应在满足低收入家庭获得就业和提高工资的同时不会在短期内增加居住成本；Fraser等（2020）针对肯尼亚的研究发现旨在改善穷人流动性和交通便利的基础设施建设提高了贫困人口的出行成本，生活在贫困线以下的个人使用公共交通基础设施出行成本平均增加了65%。另外，要平衡交通基础设施的建设和自然生态的保护，尤其是经济增长依赖于其自身丰富的自然资源的发展中国家。Hopcraft等（2015）指出道路基础设施的投资需要最大化社会经济回报，同时最小化生态资源成本，才能达到减贫效果。

四、气候变化

（一）碳排放的增多可能造成新的贫困

对生态系统和自然的破坏可能导致人畜共患病和病原体的出现，并导致更高的病死率。气候变化已经导致自然灾害急剧增加，包括干旱、台风、海平面上升和热浪的影响，应对气候变化的全球挑战需要一个强大的多边体系（SDR，2021）。

应对气候变化和减贫是当前全球的两大议题，通过减排去减缓气候变化如何影响减贫？事实上，贫困和污染物排放之间的关系仍然比较模糊，减贫与减排之间的直接相关性较低，深入挖掘其影响机制发现，碳排放量增加一方面会促进经济发展，另一方面碳排放的增多可能造成新的贫困。

1.GDP与碳排放量

为探究碳排放量与国家和地区经济发展的关系，通过世界银行数据库，对全世界264个国家和地区1960—2016年GDP和碳排放量数据进行相关性分析，发现相关系数为0.801，且通过1%的显著性水平检验。可见，碳排放量与经济产出显著正相关。

2. 能源相关二氧化碳人均排放量

能源相关二氧化碳人均排放量与各种形式的贫困均呈负相关关系（图3.9），即贫困率高的国家和地区，能源相关二氧化碳人均排放量低。可见，发达国家不仅能源消耗总量高、碳排放总量高，而且人均碳排放量也高。

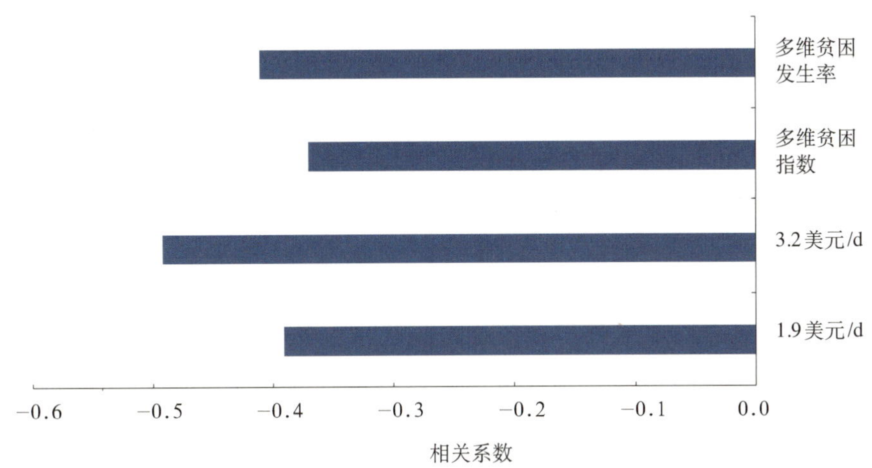

图3.9　贫困与能源相关二氧化碳人均排放量的相关性

数据来源：根据*Sustainable Development Report 2021*的数据绘制。

全球能源相关二氧化碳人均排放量经历了先上升后下降的过程，2000年为3.53t，2008年增长到3.81t，之后逐步下降到2019年的3.37t。

不同收入类型国家的能源相关二氧化碳人均排放量差距较大，在过去20年，高收入国家的能源相关二氧化碳人均排放量是低收入国家的35～40倍。低收入国家的能源相关二氧化碳人均排放量仅为0.2～0.3t，发展趋势与全球趋势一致，先上升后下降；中低收入和中高收入国家的能源相关二氧化碳人均排放量在逐步增长，分别从2000年的0.69t和2.23t分别增长到2019年的1.2t和3.19t，可见这两类国家的人均能源消耗在增加；高收入国家的能源相关二氧化碳人均排放量稳定下降，从2000年的10.93t下降到2019年的8.84t，可能是因为高收入国家的人均能源消耗和单位能源的碳排放同时减少。

专栏3.3 贫困和二氧化碳之间的悖论

贫困和二氧化碳之间的关系存在悖论，通过经济增长减少贫困增加了由于生产和消费产生的二氧化碳排放，而避免气候变化灾难必须减少二氧化碳排放（Collins et al.，2015）。

贫困的减少与碳排放的增加是否一定存在必然联系？不同学者研究的结论也不同。2007—2014年，中国人均CO_2排放量增长了32.9%，且呈现出先快速上升后稳定增长的趋势，同期平均扶贫指数增长了25.19%，贫困的减少意味着经济的增长，带来的是碳排放量的增加（Jin et al.，2018）。同样基于中国的数据，Glomsrod等（2016）认为可以在2030年，实现保持经济增长和城乡收入差距减少1/3的同时，将二氧化碳排放控制在2015年的水平。在非洲，外国直接投资与贫穷之间都存在显著的负相关，同时外国直接投资对二氧化碳排放具有正影响，也就是说经济的增长使得贫穷减少，同时二氧化碳排放也增加（Dhrifi et al.，2020）。Baloch等（2020）则认为贫穷的增加对撒哈拉以南非洲国家的环境污染产生了有害的影响。Jin等（2020）的研究表明尽管尚不清楚减少二氧化碳排放是否会在短时间内抑制减贫，多期数据分析结果显示减排与减贫之间存在脱钩关系。Molitor等（2011）基于美国的数据，研究了以NO_2、PM 2.5和柴油污染物为基础的浓度与洛杉矶县人口普查区贫困人口数量之间的关系，尽管这种关联是复杂和非线性的，但是高水平的污染物通常与高贫困人口相关。

Malerba（2020）提出了一种新的复合指标，将贫困和碳排放的衡量纳入一个单一变量，即减贫碳强度（CIPR），该变量等于人均碳排放变化百分比与非贫困人口比例变化百分比之间的比率，代表了减贫和减排之间的权衡关系。研究结果证实，各国减贫的碳强度是不同的。

（二）提高能源利用效率、碳税收入再分配等措施可降低贫困发生率

1.碳排放转移

随着全球化的不断发展，产业转移逐渐深化，收入较高的发达国家将

高污染、高能耗产业转移到低收入的发展中国家，又通过产品进口，实现更多能源消费和碳排放转移。

进口商品的二氧化碳人均排放量与各种形式的贫困均呈负相关关系（图3.10），即贫困率高的国家和地区，进口商品的二氧化碳人均排放量低。

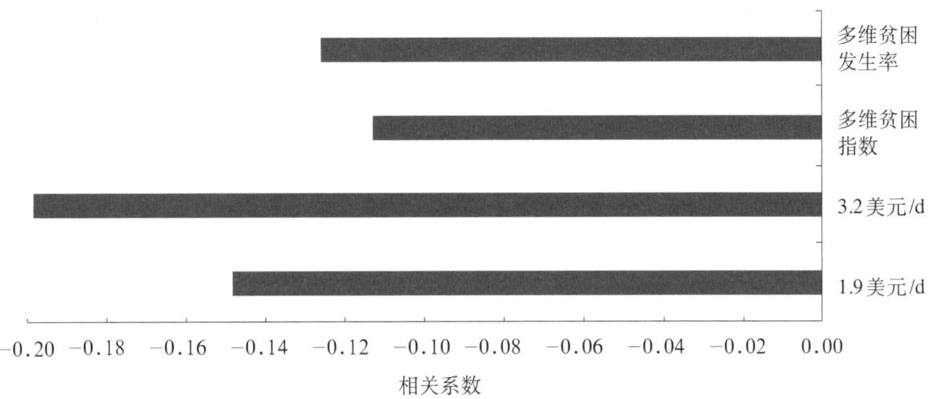

图3.10 贫困与进口商品二氧化碳人均排放量的相关性

数据来源：根据*Sustainable Development Report 2021*的数据绘制。

全球进口商品的二氧化碳人均排放量经历了先下降后上升的过程。全球进口商品的二氧化碳人均排放量在2000年为0.9t，2001年为0.59t，之后逐步上升，2019年为0.79t。

不同收入类型国家的进口商品的二氧化碳人均排放量差距同样巨大，在过去20年，高收入国家的进口商品的二氧化碳人均排放量是低收入国家的60 ～ 100倍。低收入和中低收入国家的进口商品的二氧化碳人均排放量呈现增长的趋势，2000年，低收入国家的进口商品的二氧化碳人均排放量仅为0.02t，2015年为0.02t。中低收入国家的进口商品的二氧化碳人均排放量在2000年和2015年分别为0.11t和0.19t。2001年之后，中高收入和高收入国家的进口商品的二氧化碳人均排放量增长趋势显著，到2015年，这两类国家的进口商品的二氧化碳人均排放量分别为0.49t和2.43t。

2.能源使用效率

对电力和燃料燃烧产生的二氧化碳单位排放量、直径小于2.5μm的颗粒物年平均浓度与贫困的相关分析发现，它们呈显著正相关关系（图3.11），即在贫困率较高的国家和地区，单位能源的碳排放量较高，污染更严重。

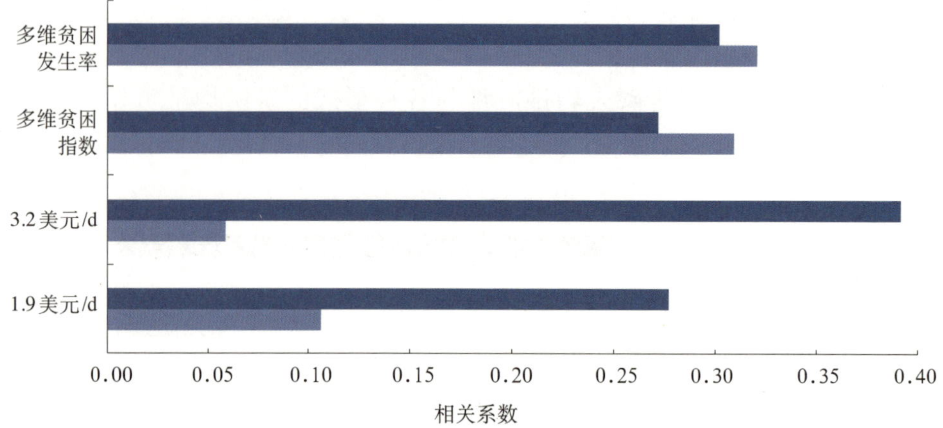

图3.11　贫困与单位能源的碳排放和污染的相关性

数据来源：根据*Sustainable Development Report 2021*的数据绘制。

电力和燃料的二氧化碳单位排放量可以反映对能源的使用效率，对该指标进行研究发现，高收入国家和中高收入国家的指标数值远低于中低收入国家和低收入国家，表明高收入和中高收入国家能源利用效率高，低收入国家和中低收入国家能源利用效率低，应提高低收入国家和中低收入国家能源利用效率。

全球电力和燃料的二氧化碳单位排放量在2000年为2.21MtCO$_2$/TWh，在波动中增长，2012年高达3.49MtCO$_2$/TWh，2018年为2MtCO$_2$/TWh。

在过去20年，低收入和中低收入国家的电力和燃料的二氧化碳单位排放量是高收入国家的2倍以上，而且，中低收入国家的电力和燃料的二氧化碳单位排放量比低收入国家更高。低收入和中低收入国家的电力和燃料的二氧化碳单位排放量经历了先升后降的变化趋势，2000年分别为2.78MtCO$_2$/TWh和2.81MtCO$_2$/TWh，2018年分别为2.03MtCO$_2$/TWh和3.56MtCO$_2$/TWh。中高收入和高收入国家的电力和燃料的二氧化碳单位排放量呈下降的变化趋势，2000年分别为1.81MtCO$_2$/TWh和1.41MtCO$_2$/TWh，2018年分别为1.31MtCO$_2$/TWh和1.13MtCO$_2$/TWh。

2000—2014年，全球PM2.5年均值呈现出平稳中略微下降的发展趋势，2014年达到最低水平，为28.88μg/m^3，之后略有上升趋势，2019年为30.28μg/m³。收入水平越高的国家PM2.5年均值越低。可能的原因是随着全球化的不断发展，产业转移逐渐深化，收入较高的发达国家将高污染、高能耗产业转移到低收入的发展中国家，造成发展中国家环境质量的下降。

不同类型国家PM2.5年均值差距较大，在过去20年，低收入国家PM2.5年均值是高收入国家的2 ~ 3倍。低收入国家的PM2.5年均值变化趋势与全球变化趋势一致，在2000年、2014年和2019年分别是41.33μg/m³、37.36μg/m³和43.87μg/m³。中低收入国家PM2.5年均值比较平稳，维持在37 ~ 39μg/m³。中高收入和高收入国家PM2.5年均值呈不断下降的趋势，2000年分别为26.7μg/m³和18.8μg/m³，2019年分别为22.76μg/m³和15.9μg/m³。

3.清洁能源和减贫

通过使用清洁能源达到减排的目标是减贫战略中的重要措施，但是从现实发展来看清洁能源对于减贫的效果并不佳。这是因为经济贫困导致了能源贫困，而不是相反。直接发展清洁能源，不一定就能实现减贫的目标，但是针对环境征税、合理分配碳税收入可以达到减贫的效果。

发展清洁能源基础设施、大力推广各种形式的清洁能源被认为是消除能源贫困的重要举措，多次出现在各国的减贫战略中。如塞内加尔等发展中国家采用清洁技术的政策被视为减贫议程上的主要组成部分（Thiam，2011)。Zulu等（2013）强调减少农村家庭对木炭的依赖、实施清洁能源作为减贫战略的重要性。但是，直接发展清洁能源，不一定就能实现减贫的目标。如Sirohi（2007）通过一项对印度的研究表明清洁发展机制对减轻农村贫困没有任何显著的贡献，几乎所有的项目都以商业为导向，而不是针对农村贫困人口的发展。Andadari等（2014）的研究也表明，作为当地清洁能源的液化石油气项目虽然在缓解能源贫困方面有成效，但是未能大幅减少能源贫困人口的总数。

经济贫困导致了能源贫困。对于家庭来讲，使用污染较为严重的固体燃料与农村家庭收入低密切相关，即人均家庭收入较低的地区使用固体燃料较多（Tang et al.，2014）。Hou等（2018）的研究也表明经济贫困是加剧能源贫困的重要因素，当资产和收入增加10%时，家庭选择清洁燃料的概率分别增加0.7%和0.2%。

专栏3.4 碳税收入和减贫

征收环境税，合理分配碳税收入可以减少贫困。

国际对于环境的征税一般包括温室气体排放税、燃油税、电力使用税、能源税，“碳税减贫”依靠碳排放交易的实施和碳税收入的再分配。针对美国和欧盟等二氧化碳排放已经超标的国家和地区征收碳排放税是公平的，可以帮助降低发展中国家贫困程度，促进发展中国家经济发展（Hyder，2008）；国家内部以限制排放为目标的碳税政策，如果碳税收入完全转移给穷人，有助于经济增长和最小化贫困（Ojha，2009）；Zeng Weizhong（2018）认为发展碳汇交易，增加碳汇造林可以在短时期内促进贫困对象增收，其扶贫绩效的时滞性较短；依据《联合国气候变化框架公约》，将全球变暖控制在低于2℃的水平而获得的碳税收入在2030年为1.6万亿美元，有潜力帮助低收入国家缩小贫困差距（Fujimori，2020）。

Vogt-Schilb（2019）指出碳税会提高基本商品和服务的价格，如食品、暖气和通勤，从而加剧贫困，但是30%的碳税收入转移足以补偿贫困和脆弱的家庭，剩下70%用于资助其他政府事项，可以有效缓解碳税带来价格提高的状况，达到减贫效果。从各国实践的层面来看，Saelim（2019）指出泰国的碳税是累进的，通过扩大社会转移计划，当碳税收入通过老年人养老金循环使用时，碳税可以降低贫困率，并改善收入最低的1/5家庭的福利；Berry（2019）讨论了法国的碳税分配问题，提出碳排放税的部分收入应该重新分配给家庭，根据收入水平以外的标准调整支付转移可以缓解低收入家庭的贫困；Zhang（2020）指出中国的碳排放交易的实施有利于中国农村地区的收入增长和就业创造；Malerba（2021）针对秘鲁的研究指出在没有补偿的情况下，国家征收碳税会增加贫困，但是当税收收入通过转移计划循环使用时，贫困则会减少，依据不同的重新分配方案模拟贫困人口的减少比例最高可达17%左右。

第四章

中国减贫实践为世界提供中国方案

2021年2月25日，习近平总书记在全国脱贫攻坚总结表彰大会上庄严宣告，中国脱贫攻坚取得了全面胜利，完成了消除绝对贫困的艰巨任务，创造了又一个彪炳史册的人间奇迹！现行标准下9 899万农村贫困人口全部脱贫，832个贫困县全部摘帽，12.8万个贫困村全部出列，区域性整体贫困得到解决，完成了消除绝对贫困的艰巨任务（图4.1）。

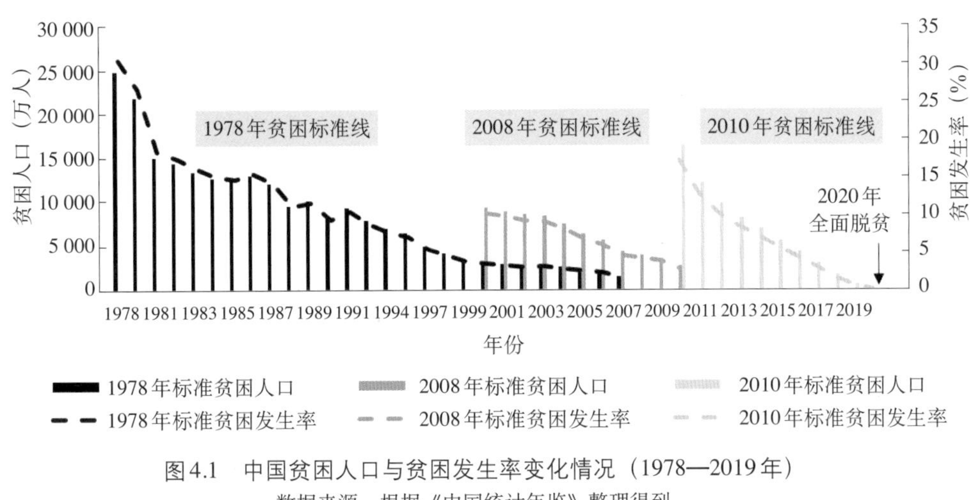

图4.1　中国贫困人口与贫困发生率变化情况（1978—2019年）

数据来源：根据《中国统计年鉴》整理得到。

经过脱贫攻坚战，贫困人口收入和消费水平大幅提高。贫困地区农村居民人均可支配收入从2013年的6 079元增长到2020年的12 588元，年均增长11.6%，增长持续快于全国农村，增速比全国农村平均水平高2.3个百分点（图4.2）。精准扶贫建档立卡以来，有家庭成员享受过就业帮扶政策的建档立卡户1 390.6万户，占全部建档立卡户的93.8%。其中，参加职业技能培训929.5万户，就读技工学校47.6万户，参加过招聘会或得到过政策咨询、职业指导、岗位信息推荐等就业服务1 199.9万户，享受过创业扶持212.5万户，在公益性岗位工作过409.8万户，在扶贫车间工作过80.5万户，享受过外出务工交通补贴330.9万户。随着收入的稳步增长，居民生活水平也在逐步提高，贫困地区居民消费每年以大于8%的速度增长，贫困地区农村居民人均消费支出从2014年的6 007元上升到2019年的10 011元。

经过脱贫攻坚战，易地扶贫搬迁建设任务如期完成。“十三五”期间，全国累计投入各类资金约6 000亿元，建成集中安置区约3.5万个，其中城镇安置区5 000多个，农村安置点约3万个；建成安置住房266万余套，总建筑面积2.1亿m^2，户均住房面积80.6m^2；配套新建或改扩建中小学和幼儿园6 100多所、医院和社区卫生服务中心1.2万多所、养老服务设施3 400余个、文化活动场所4万余个。960多万建档立卡贫困群众已全部乔迁新居。其中城镇安置500多万人，农村安置约460万人（图4.2）。“十三五”期间累计帮助搬迁贫困劳动力358万人实现就业，实现了有劳动力的搬迁家庭至少1人就业。截至2020年12月3日，易地搬迁建设任务全面完成，有效解决了全国近1/5贫困人口的脱贫问题，为打赢脱贫攻坚战作出了积极贡献。当前，易地搬迁转入以后续扶持为重心的新阶段，各项工作开局良好。

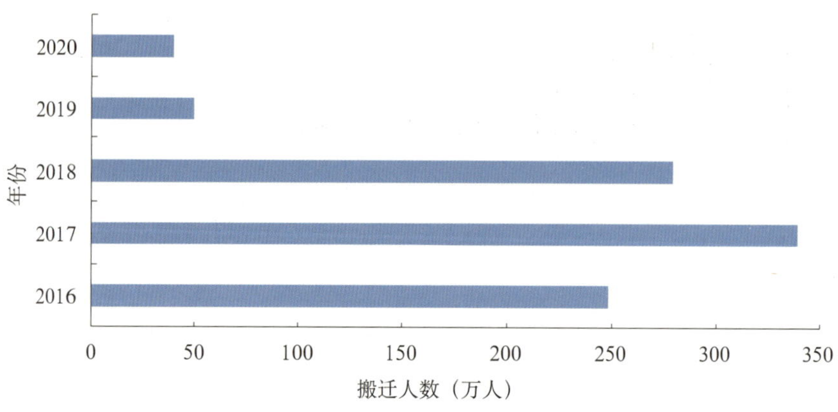

图4.2　2016—2020年贫困群众实现易地搬迁人数

数据来源：根据《2020年中国农村贫困监测报告》整理得到。

经过脱贫攻坚战，贫困地区生态扶贫取得显著成效。生态保护和脱贫增收实现双赢。我国重要生态屏障区域、生态脆弱区域与深度贫困地区高度耦合，既是脱贫攻坚的主战场，也是生态保护的主阵地。建档立卡以来，享受过生态扶贫政策的建档立卡户1 111.3万户。截至2020年底，

2 000多万贫困人口通过生态补偿、国土绿化、生态产业等生态扶贫实践，实现脱贫增收。我国生态扶贫各项目标任务全面完成，生态保护和脱贫增收实现双赢。集体和个人所有的国家级公益林补偿标准提高到了每亩每年16元。对实施禁牧和草畜平衡的牧户给予禁牧补助和草畜平衡奖励，农牧民人均增收700元左右。2016年以来，累计安排中央财政投资资金140亿元，选聘生态护林员100万名，带动300多万贫困人口增收和脱贫。

经过脱贫攻坚战，医疗保健体系持续完善。消除了乡村两级医疗卫生机构和人员“空白点”，98%的贫困县至少有一所二级以上医院，贫困地区县级医院收治病种中位数达到全国县级医院整体水平的90%，医疗卫生机构床位数从2011年的67万床增加到2018年的128万床，各种社会福利收养性单位从2011年的9 239个增长到2018年的10 167个（图4.3）。

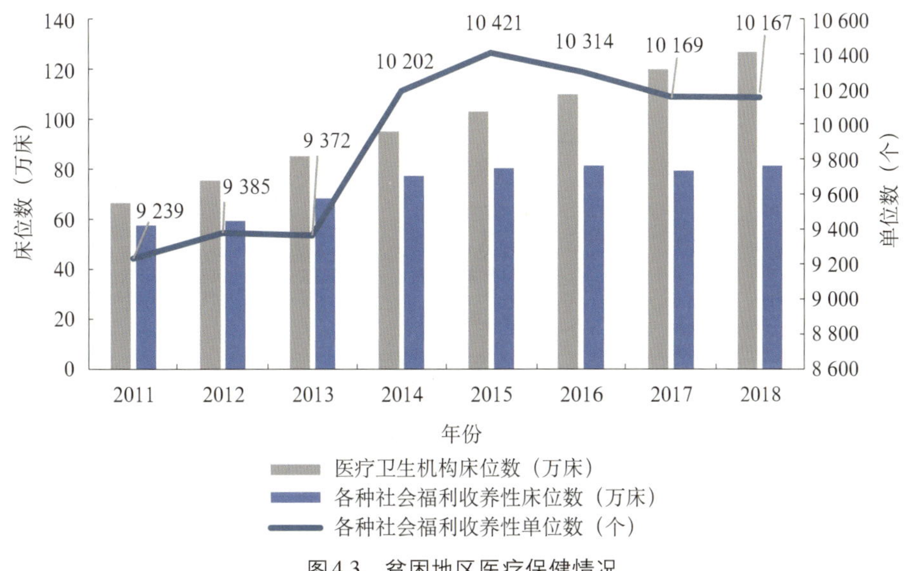

图4.3　贫困地区医疗保健情况

数据来源：根据《2020年中国农村贫困监测报告》整理得到。

1978年到2020年底，按中国现行标准测算，中国农村贫困人口减少7.7亿人，贫困发生率降低97.5个百分点；按世界银行每人每天1.9美元国际贫困标准测算，中国减贫人口占同期全球减贫人口70%以上，为全球减贫事业和人类发展进步作出了重大贡献。中国提前10年实现联合国《2030年可持续发展议程》确定的减贫目标，创造了减贫治理的中国样本。本章拟在梳理中国脱贫攻坚成果的基础上，探讨中国的精准扶贫、乡村振兴方略，为世界减贫提供中国样本与中国方案。

一、实施精准扶贫方略

精准扶贫是打赢脱贫攻坚战的制胜法宝。2012年中共十八大后，以习近平同志为核心的党中央立足减贫实际，与时俱进，创新提出并实施精准扶贫方略，要求精准施策、靶向治疗，扶贫扶到点上、扶到根上，解决好“扶持谁、谁来扶、怎么扶、如何退、如何稳”等核心问题，坚持扶持对象精准、项目安排精准、资金使用精准、措施到户精准、因村派人精准、脱贫成效精准的要求，着力提高贫困治理效能。精准扶贫方略，既保证了中国脱贫攻坚的顺利实施，又为全球反贫困事业提供了新的理论指导（图4.4）。

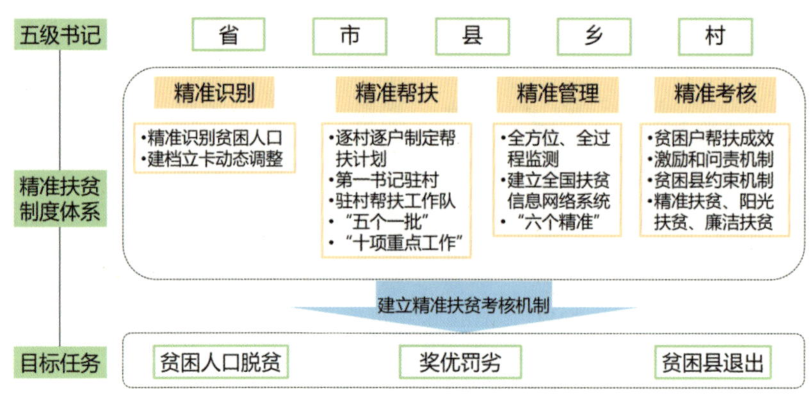

图4.4　精准扶贫工作机制及目标

资料来源：参考刘彦随等《国家精准扶贫评价理论体系与实践应用》。

（一）精准识别、建档立卡

明确扶持对象，贫困户识别以农户收入为基本依据，综合考虑住房、教育、健康等多个维度，通过农户申请、民主评议、公示公告、逐级审核的方式，进行整户识别；贫困村识别综合考虑行政村贫困发生率、村民人均纯收入和村集体经济收入等情况，按照村委会申请、乡政府审核公示、县级审定公告等程序确定。对识别出的贫困村和贫困人口建档立卡，建立起全国统一的扶贫信息系统，以便因户施策、因人施策；实行动态管理，及时剔除识别不准人口、补录新识别人口。

（二）加强领导、建强队伍

明确帮扶主体，建立中央统筹、省负总责、市县抓落实的脱贫攻坚管理体制和片为重点、工作到村、扶贫到户的工作机制。同时，加强基层扶贫队伍建设，进行严格的监督检查和考核评估。基层扶贫队伍建设方面，从 2013 年开始向贫困村选派第一书记和驻村工作队，到 2015 年，实现每个贫困村都有驻村工作队、每个贫困户都有帮扶责任人。截至 2020 年底，全国累计选派 25.5 万个驻村工作队、300 多万名第一书记和驻村干部，同近 200 万名乡镇干部和数百万名村干部一道奋战在扶贫一线。监督检查和考核评估方面，建立全方位督察体系，包含党内监督、民主监督、督察巡查、审计监督、行业监督以及社会监督，对脱贫攻坚中的违规违纪问题进行专项治理，对相关责任人进行严肃追责问责。

（三）区分类别、靶向施策

中国在减贫实践中，找准致贫原因、优配脱贫措施，针对不同情况分类施策，通过实施“五个一批”实现精准扶贫（图 4.5）。

发展生产脱贫一批：支持和引导贫困地区因地制宜发展特色产业，鼓励支持电商扶贫、光伏扶贫、旅游扶贫等新业态新产业发展，依托东

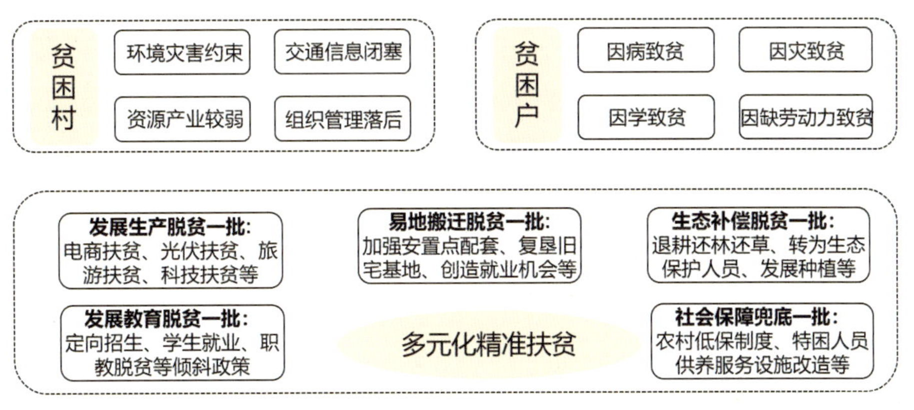

图 4.5　多元化扶贫措施

西部扶贫协作推进食品加工、服装制造等劳动密集型产业梯度转移，培育一大批特色优势产业，增强贫困地区经济发展动能。扎实推进科技扶贫，选派科技特派员，推广先进实用技术、新品种，支持贫困地区建成创新创业平台，为贫困户提供扶贫小额信贷支持，培育贫困村创业致富带头人。

易地搬迁脱贫一批：对生活在自然环境恶劣、生存条件极差、自然灾害频发地区，很难实现就地脱贫的贫困人口，实施易地扶贫搬迁。

生态补偿脱贫一批：践行“绿水青山就是金山银山”理念，坚持脱贫攻坚与生态保护并重，在加大贫困地区生态保护修复力度的同时，增加重点生态功能区转移支付，不断扩大政策实施范围，让有劳动能力的贫困群众就地转为护林员等生态保护人员。

发展教育脱贫一批：持续提升贫困地区学校、学位、师资、资助等保障能力，实施定向招生、学生就业、职教脱贫等倾斜政策，帮助贫困家庭初高中毕业生接受高等教育或职业教育培训，重点高校定向招收农村和贫困地区学生，拓宽贫困学生纵向流动渠道。开展民族地区农村教师和青壮年农牧民国家通用语言文字培训，提升民族地区贫困人口就业能力。

社会保障兜底一批：聚焦特殊贫困群体，落实兜底保障政策。实施特困人员供养服务设施改造提升工程，集中供养能力显著增强，农村低保制度与扶贫政策有效衔接。扶贫部门与民政部门定期开展数据比对、摸排核实，实现贫困人口“应保尽保”。

（四）严格标准、有序退出

建立贫困退出机制，符合脱贫标准的贫困地区和家庭，实行有序退出，严格规范工作流程与强化监督检查，每年委托第三方对脱贫县和脱贫人口进行专项评估。贫困人口退出实行民主评议，贫困村、贫困县退出进行审核审查，退出结果公示公告，让群众参与评价，做到程序公开、数据准确、档案完整、结果公正。

（五）跟踪监测、防止返贫

在贫困县和贫困家庭退出后，设立5年过渡期，建立防返贫致贫动态监测帮扶机制，及时发现易返贫致贫人口，采取针对性帮扶措施，确保稳定脱贫。过渡期内主要帮扶政策保持总体稳定，对现有帮扶政策逐项分类优化调整，逐步由集中资源支持脱贫攻坚向全面推进乡村振兴平稳过渡。

二、为世界减贫提供中国方案

消除贫困是全球性难题。各国国情不同、所处发展阶段不同，减贫标准、方式方法、路径手段也不同。中国的减贫能取得较大的成功，主要在于立足国情，深刻把握中国贫困特点和贫困治理规律，坚持以人民为中心的发展思想，坚持发挥中国社会主义制度集中力量办大事的政治优势，坚持精准扶贫方略，一定程度上拓展了人类反贫困思路。

坚持以人民为中心，把群众满意度作为衡量脱贫成效的重要尺度，集中力量解决贫困群众基本民生需求。明确到2020年现行标准下农村贫困人口实现脱贫、贫困县全部摘帽、解决区域性整体贫困的目标任务，出台财政、金融、土地、人才等一系列超常规支持政策。

把脱贫攻坚摆在治国理政的突出位置，把减贫作为党的路线方针政策和国家中长期发展规划的重要内容，保障政策的连续性和稳定性。

用发展的办法消除贫困，推进制度改革，不断消除导致贫困的制度性、结构性因素，积极顺应全球化潮流，适应国内外形势变化，构建以国内大循环为主体、国内国际双循环相互促进的新发展格局。

发挥贫困群众主体作用，坚持扶贫与扶志扶智相结合，既让贫困群众收入有所提高，又丰富贫困群众的思想，培育贫困人口脱贫内生动力。具体措施包括依托农民夜校、新时代文明实践中心等，加强教育培训，提升贫困群众发展生产和务工经商的基本技能。

汇聚各方力量形成减贫合力，广泛动员全党全国各族人民以及社会力量共同向贫困宣战，构建起政府、市场、社会协同推进，专项扶贫、行业扶贫、社会扶贫互为补充的大扶贫格局，形成跨地区、跨部门、跨单位、全社会共同参与的社会扶贫体系。强化东西部扶贫协作，组织开展定点扶贫，促进人才、资金、技术向贫困地区流动。各行各业发挥专业优势，开展产业扶贫、科技扶贫、教育扶贫、文化扶贫、健康扶贫、消费扶贫。民营企业、社会组织和公民个人热情参与，“万企帮万村”行动蓬勃开展。

三、巩固拓展脱贫攻坚成果，全面推进乡村振兴

脱贫摘帽不是终点，而是新生活、新奋斗的起点。脱贫攻坚目标任务如期完成后，中国“三农”工作重心历史性转移到全面推进乡村振兴的新阶段。在脱贫攻坚目标任务完成后设立5年过渡期，过渡期内，帮扶政策总体保持稳定，坚持摘帽不摘责任、政策、帮扶和监管。建立健全防止返贫动态监测和帮扶机制，强化易地搬迁后续扶持举措，促进脱贫地区产业培育和发展，坚持和完善驻村第一书记和工作队、东西部协作、对口支援、社会帮扶等制度，牢牢守住不发生规模性返贫的底线，确保脱贫地区和脱贫群众生计有保障、发展可持续。在西部地区脱贫县中确定160个国家乡村振兴重点帮扶县，同时支持各地在脱贫县中自主选择一部分县作为乡村振兴重点帮扶县，加大政策倾斜和帮扶力度。广泛动员社会力量参与帮扶，组织动员民营企业实施“万企兴万村”行动，实现巩固拓展脱贫攻坚成果同乡村振兴有效衔接。

习近平总书记指出，民族要复兴，乡村必振兴。全面建设社会主义现代化国家，最艰巨最繁重的任务依然在农村，最广泛最深厚的基础依然在农村。实施乡村振兴战略，是以习近平同志为核心的党中央着眼中华民族伟大复兴战略全局作出的重大决策部署，充分反映了人民的期盼、时代的呼唤、发展的必然。脱贫攻坚战全面胜利后，党中央决定将扶贫工作机构重组为乡村振兴工作机构，2021年2月，国家乡村振兴局正式挂牌，主要负责巩固拓展脱贫攻坚成果、统筹推进乡村振兴有关具体工作，各地也将参照国家层面做法对扶贫机构进行调整，建设高效的乡村振兴工作机制。在坚决守住不发生规模性返贫的底线、稳步推进巩固拓展脱贫攻坚成果同乡村振兴有效衔接的同时，着力推进农村人居环境改善和乡村治理，补齐突出短板、满足群众期盼，大力推进农村厕所革命，强化污水治理和垃圾处置，开展乡村治理示范创建。中国将以更有力的举措、汇聚更强大的力量，扎实推动乡村产业振兴、人才振兴、文化振兴、生态振兴、组织振兴，实现城乡融合发展，走稳走好第二个百年奋斗目标新征程！

中国在自身消除贫困的同时，始终积极推进全球贫困治理，始终做世界和平的建设者、全球发展的贡献者、国际秩序的维护者，推动构建没有

贫困、共同发展的人类命运共同体。积极开展国际减贫研究。开展国际减贫交流与合作，不断创新交流机制，形成覆盖全球、亚洲、非洲和拉美地区的高级别国际减贫会议和专题研讨交流活动。针对发展中国家减贫需求，以分享中国减贫政策与经验为基础，以提升减贫与发展能力为目标，广泛开展国际减贫培训工作。开展双边、多边减贫合作，拓展与非洲、亚洲以及拉美国家的合作关系。

第五章

新冠肺炎疫情影响下的全球减贫进展

新冠肺炎疫情的暴发对人类社会经济活动产生了深远影响，是当前全球面临的巨大挑战。截至2021年8月，疫情已蔓延至全球188个国家和地区，确诊感染者累计超2亿人，死亡人数超过425万人，全球确诊人数不断增加。受新冠肺炎疫情影响，2020年全球1.9美元贫困人口出现20多年来的首次上升，上升了1.19亿～1.24亿人。全球减贫趋势被逆转，严重阻碍2030年可持续发展目标的实现。

新冠肺炎疫情的广泛传播导致全球经济低迷，多个国家在新冠肺炎疫情影响下贫困发生率都有所上升。Suryahadi（2020）针对印度尼西亚的估计表明，贫困发生率将从2019年9月的9.2%上升到2020年底的9.7%，使130多万人陷入贫困，直接大幅度逆转在减贫方面取得的进展；Brum（2021）针对乌拉圭的研究估计当地在疫情的影响下贫困发生率从8.5%上升到11.8%，且政府各种补贴政策所产生的现金转移支付行为对贫困发生率增长的抑制作用都极其有限；Salas（2020）针对墨西哥和全球的估计表明，因突发卫生事件而导致的经济活动放缓，引发贫困增加，以及基尼系数的不平等增长。

此外，受新冠肺炎疫情影响，全球就业市场也遭受重大打击，粮食面临减产，教育风险升高，全球贫困儿童的生存、教育和健康受到深刻影响。2019年全球估计有1.35亿人处于粮食不安全状态；2020年全球2.55亿个全职工作岗位流失，16亿名非正规经济领域劳动者的生计被威胁；1.56亿名学生受到学校关闭的影响，2 500万人可能再也无法重返学校。在社会保障的缺失下，低收入群体迅速落入贫困境地，导致全球贫困发生率增加。

本章在梳理新冠肺炎疫情在全球传播情况的基础上，探讨全球贫困人口变化趋势，并从失业、粮食供给、教育、妇女和儿童发展等角度阐释新冠肺炎疫情对全球减贫的影响机理以及中国的疫情应对及减贫经验。

最后，总结全球减贫的经验和得失，为新冠肺炎疫情影响下的全球贫困治理提供可借鉴的思路与方向。

一、新冠肺炎疫情影响下的全球贫困人口变化

（一）新冠肺炎疫情在全球的传播情况

从全球感染情况来看（图5.1），截至2021年6月底，欧洲和中亚地区的感染人数最多，达到5 531万人；北美地区、拉丁美洲和加勒比地区、南亚地区分别为3 595万人、3 747万人、3 337万人；中东和北非地区、东亚和太平洋地区、撒哈拉以南非洲地区感染人数相对较少，其中撒哈拉以南非洲地区为393万人，感染人数最少。新冠肺炎疫情的传播在不同收入国家之间也呈现了较大差异（图5.2），高收入国家疫情传播一直处于较高的水平，感染总人数达到8 047万人，占全球感染总人数的43.96%。低收入国家感染人数最少，为95万人，主要原因在于低收入国家人口流动性和集聚程度相对偏低、核酸检测覆盖率低以及统计数据相对不完全等。

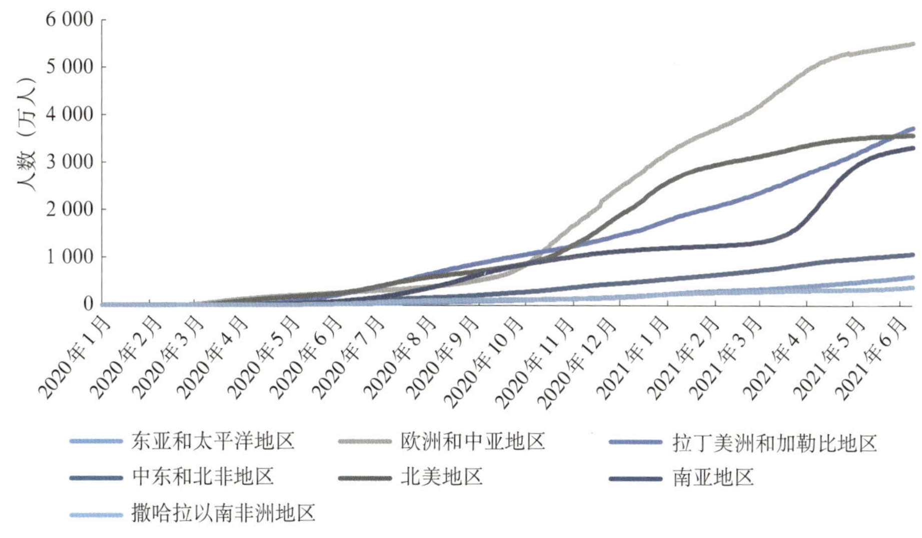

图5.1　全球主要区域感染人数

数据来源：Our World in Data，中国疾病预防控制中心，实时数据。

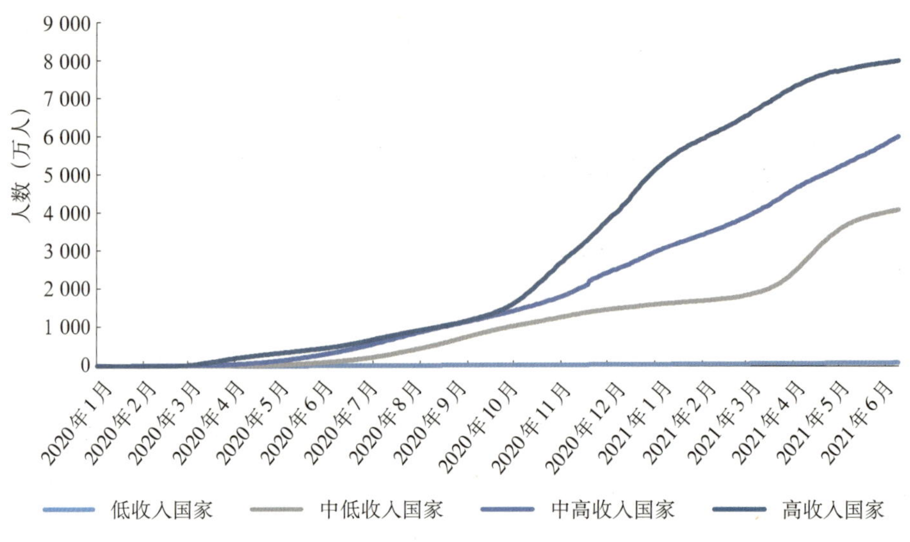

图5.2　全球各收入水平国家感染人数

数据来源：Our World in Data，中国疾病预防控制中心，实时数据。

从治愈率和死亡率看，截至2021年6月底，全球平均治愈率达81.17%，呈显著上升趋势，死亡率下降至2.16%。其中，南亚地区治愈率最高（92.76%），欧洲和中亚地区治愈率最低（61.32%），其他地区治愈率均在85%左右。值得注意的是，中低收入国家治愈率最高（95.1%），高收入国家治愈率最低（68.15%），低收入国家和中高收入国家的治愈率在80%～90%。疫情开始初期死亡率相对较高，2020年2月中东和北非地区死亡率达到16.67%，之后随着检测技术、治疗照护水平和干预措施的提升，全球新冠肺炎死亡率在短期内快速下降。截至2021年6月底，拉丁美洲和加勒比地区的死亡率较高（3.41%），南亚地区最低（1.36%），其余地区基本维持在2%左右。

为有效控制新冠肺炎疫情的传播，全球正在积极开展新冠肺炎疫苗的接种工作。截至2021年8月12日，全球已有30.4%的人口至少接种了一剂疫苗，15.7%的人口进行了完全接种。全球已累计接种疫苗45.4亿剂，每日新增剂量达3 666万剂。但疫苗接种仍存在区域不均衡的现象，前10个国家疫苗接种量占全球的73.98%（图5.3），130多个国家和地区迄今仍未开始疫苗的接种。在低收入国家，只有1.1%的人至少接受过一剂，整个非洲大陆只有2%的疫苗可用。

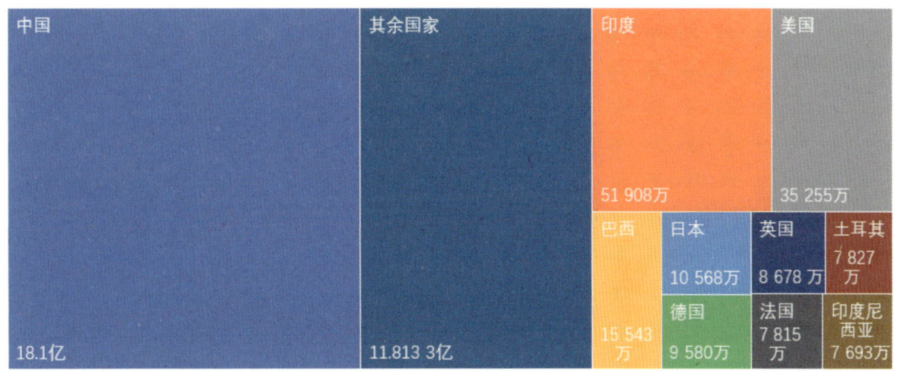

图5.3　全球主要国家疫苗接种情况（截至2021年8月10日，单位：剂）
数据来源：Our World in Data，中国疾病预防控制中心，实时数据。

从区域分布来看（图5.4），北美地区的疫苗接种人口占比最高（65.30%），欧洲和中亚地区次之（47.67%），撒哈拉以南非洲地区最低（7.56%），其余地区的疫苗接种人口占比都位于28%～38%。从不同收入水平国家来看（图5.5），疫苗接种人口占比由低收入至高收入呈现递增状态，高收入国家疫苗接种人口占比最高（56.81%），中高收入和中低收入国家次之（分别为26.17%和14.75%），低收入国家疫苗接种人口占比最低（1.84%），不同收入水平国家疫苗接种普及率相差很大。

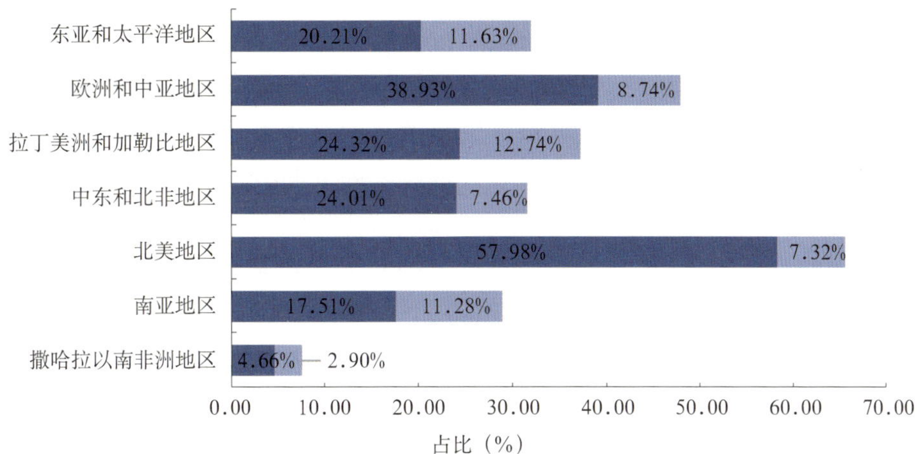

图5.4　七大区域疫苗接种人口占比
数据来源：Our World in Data，实时数据。

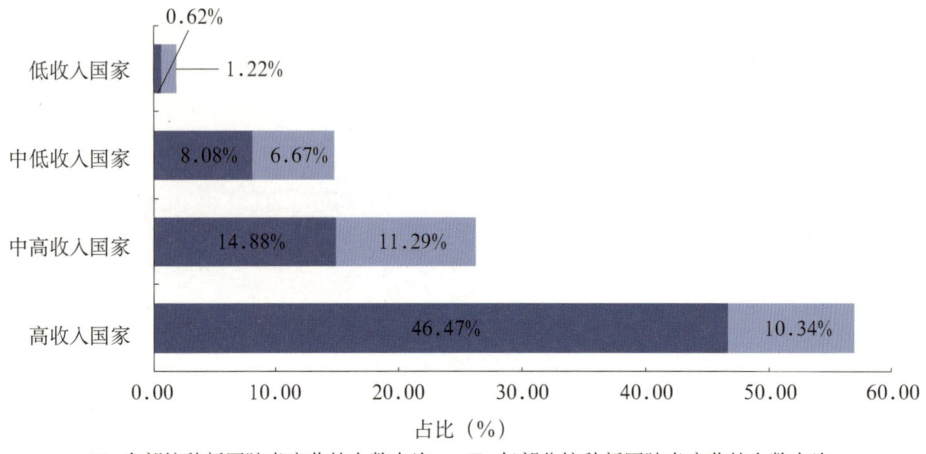

图5.5 各收入水平国家疫苗接种人口占比

数据来源：Our World in Data，实时数据。

（二）新冠肺炎疫情影响下的全球减贫情况

新冠肺炎疫情传播对世界最贫困和脆弱的群体造成了严重影响。据联合国经济与社会事务部发布的《2021年可持续发展目标报告》，全球超过10亿贫民窟居民受到严重威胁，缺乏住房、自来水、共用厕所，几乎或根本没有废物管理系统，利用正规卫生保健设施的机会也非常有限。受疫情影响，全球极端贫困人口自1998年以来首次增长，2020年预计有1.19亿～1.24亿人重新陷入极端贫困，全球极端贫困发生率从2019年的8.4%上升到2020年的9.5%。据世界银行发布的《新冠肺炎疫情导致贫困发生率上升和不平等加剧问题》，疫情导致低收入国家的极端贫困人口快速增加，使得这些国家在消除极端贫困方面的进展倒退了8～9年，中等偏上收入国家的进展倒退了5～6年。据联合国开发计划署和牛津大学贫困与人类发展倡议发布的《2021年多维贫困和新冠肺炎疫情报告》，发展中国家约有13亿人生活在多维贫困中，这些人口受疫情影响最大，疫情使更多人口陷入多维贫困状态。

根据亚洲开发银行发布的《亚洲发展展望2021：为绿色和包容性复苏融资》报告，由于疫情导致经济活动下降，减贫进展中断，使亚洲7 830万人重新陷入极端贫困，整体估计人数增至1.824亿人。南亚和东南亚地区受影响最为严重，极端贫困人口相对于没有新冠肺炎疫情的情况下分别增加了87.5%和40.3%。其中，南亚地区重新返回极端贫困的人口最多，占全球的60%。

新冠肺炎疫情严重侵蚀了非洲减贫的努力，众多非洲国家将无法实现2030年消除贫困的目标。据非洲开发银行发布的《2020年非洲经济展望增刊报告》，在没有发生新冠肺炎疫情之前，预计非洲极端人口数量为4.25亿人，极端贫困发生率在2020年和2021年将分别下降0.71个和0.67个百分点。但疫情暴发后，预计非洲极端贫困人口将增加2 800万人，达到4.53亿人，极端贫困发生率在2020年和2021年将分别上升2.14个和2.84个百分点，在最坏的情境下，极端贫困人口甚至将增加3 750万人，达到4.63亿人，2020年和2021年的极端贫困发生率将分别增加2.51个和3.63个百分点。这些新增贫困人口近60%分布在西非和中非，仅有不到1%分布在北非。尼日利亚和刚果（布）将成为返贫人口最多的两个国家。

拉美和加勒比地区也面临严重的粮食危机状况，受影响人数预计将增加269%。Acevedo（2021）研究结果表明，新冠肺炎疫情将导致拉美和加勒比地区4 400万人重新陷入中度和极端贫困。据联合国估算，巴西极端贫困人口新增540万人，2020年底巴西极端贫困人口数将达到1 470万人，相当于全国人口总量的7%。

二、新冠肺炎疫情影响减贫的传导路径

（一）就业市场受冲击

新冠肺炎疫情对于全球就业市场造成了重大冲击。据国际劳工组织（ILO）发布的《世界就业和社会展望：2021年趋势》报告，2020年第二季度，全球工作时长下降了14%，以每周工作48小时的标准来计算，相当于减少了4亿个全职工作岗位。就地区而言，全球范围内许多地区劳动力市场的工作时长与2020年第一季度相比下降均很明显，其中美洲将会是受影响最大的地区，估计2020年二季度美洲的工作时长将减少18.3%，即7 000万个全职工作岗位；欧洲与中亚地区则减少13.9%；亚太地区减少13.5%；阿拉伯国家减少13.2%；非洲地区减少12.1%。据《2021年可持

续发展目标报告》，2020年全球2.55亿个全职工作岗位流失，16亿名非正规经济领域劳动者的生计被威胁，基尼系数在许多国家出现显著上升，各国失业率呈现不同幅度上升（图5.6）。

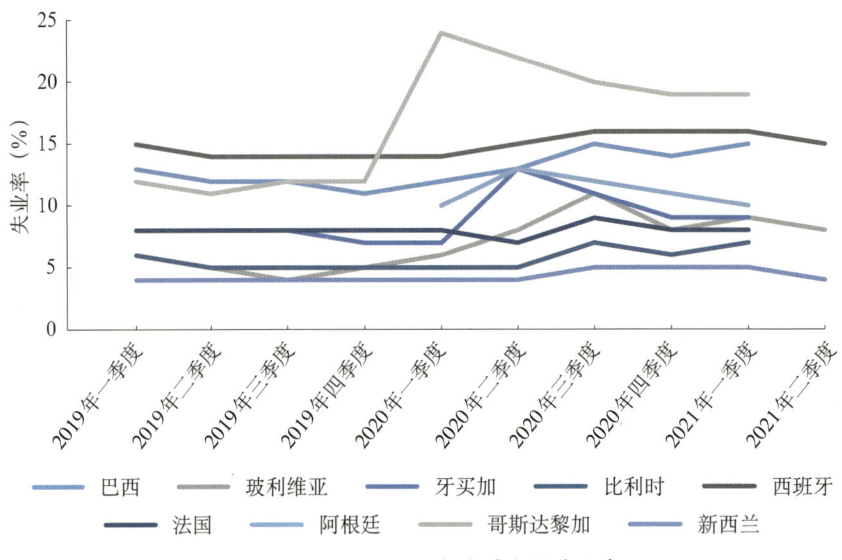

图5.6　2019—2021年全球各国失业率

数据来源：各国网站。巴西，https://www.ibge.gov.br/indicadores#desemprego；玻利维亚，https://www.ine.gob.bo/index.php/desocupacion/；牙买加，https://statinja.gov.jm/；比利时，https://statbel.fgov.be/en/themes/work-training/labour-market/employment-and-unemployment#panel-13；西班牙，https://www.ine.es/consul/serie.do?d=true&s=EPA815；法国，https://www.insee.fr/fr/statistiques/5400024；阿根廷，https://www.indec.gob.ar/uploads/informesdeprensa/mercado_trabajo_eph_1trim21F7C133BA46.pdf；哥斯达黎加，https://www.inec.cr/；新西兰，https://www.stats.govt.nz/topics/labour-market。

从各大洲和主要国家情况来看，美国就业市场遭受重大打击，2021年5月失业率近20%。据统计数据，截至2020年5月9日的8周内，美国3 650万人首次申请失业救济。美国劳工部数据显示，2021年5月7日至14日美国首次申请失业救济人数为298.1万人，高于市场预期的250万人，凸显新冠肺炎疫情持续对美国就业市场造成严重冲击。欧洲失业率也持续上升，据欧盟统计局数据，欧盟2020年4月失业率为6.6%，比上月增加了0.2个百分点，为多年来最大增幅，失业人数增加了24万人。欧元区失业率由7.1%升至7.3%（商务部，2020）。欧洲普遍实行员工就业保障计划，是政府针对因疫情无法工作的劳工救助，该计划由政府承担一定比例的员工薪水（英国最高保障80%薪水、德国最高保障60%薪水），以此鼓励企业减少裁员。西班牙、法国、英国均有大约260万人申请了就业保障计划，由各国政府负责支付员工原薪水的60%～80%，让员工们放心在疫情管控期间留在家中，保障基本生活来源。

非洲地区也面临严峻的失业危机，据非洲开发银行发布的《2020年非洲经济展望增刊报告》数据，非洲估计有2 500万～3 000万个工作岗位因为新冠肺炎疫情而消失。基于非洲就业弹性，从2000年以来的历史数据来看，GDP增长1%，就业增长下降0.4%。这种关系意味着2020年的经济衰退可能导致数百万弱势工人失业。在GDP收缩1.7%的基线情景下，预计就业人数将减少2 460万人。而这场危机也将影响非洲工作岗位的性质，因为正规部门的工资和工作时间将被降级，工人数量减少，转向非正规部门工作会增加。非洲采取了包括社交距离、行动限制和全面封锁等措施减缓疫情蔓延，但这些地区经济活动的停止，将使更多人陷入贫困。来自谷歌《新冠肺炎疫情的数据社区流动性报告》显示，非洲流动人口数量急剧下降。社会距离和禁闭在非洲的各个国家普遍存在，访问这些国家的人发生了变化。与2020年1月3日至2月6日基线周相比，2021年同期娱乐中心、杂货店平均社区流动性下降20%；在零售和娱乐活动中，游客数量减少了54%，其中包括咖啡馆、餐馆、主题公园、电影院和购物中心；交通工具的使用也减少了52%；工作场所流动性减少了36%；杂货店、药店、制药厂和食品仓库减少了35%。有限的社会接触限制了人们的活动，疫情的出现让许多非洲经济体陷入“医疗危机”，决策者现在必须在不损害公众健康的情况下，制定一种退出封锁的策略，让工作人员重返工作岗位。

根据亚洲开发银行发布的《2021年亚太地区关键指标》，亚洲家庭遭受严重收入损失，亚洲开发银行研究所（ADBI）对部分亚洲发展中国家的家庭和个人进行了调查，结果显示近75%的受访家庭收入下降，超过50%的家庭报告其收入至少下降26%（Morgan et al.，2021）。家庭收入的损失一是由于疫情防控期间企业暂时关闭，造成人员失业和就业不足；二是疫情对城乡之间流动性的限制，减少了农民工在城市寻求非农就业的机会。调查显示，在新冠肺炎疫情期间，亚洲55%的家庭存在财务困难，80%以上的家庭将减少消费支出作为应对机制，50%的人提取现金和动用储蓄。约1/3的受调查家庭，要么向亲戚或朋友借钱、延期付款或延期偿还债务，要么申请社会、政府援助，约18%的家庭出售或典当了财产。新冠肺炎疫情发生后，56.6%的巴基斯坦人出现经济问题，2 731万人工作受到影响，2 060万人无法工作，670万人的收入下降，非正规部门工人（74%）受到影响。

专栏5.1 新冠肺炎疫情对劳动力市场构成挑战，加剧了地区不平等

Bassier（2020）研究了不同工种遭受贫困的情况，表明新冠肺炎疫情对劳动力市场非正规性水平高的国家构成了特别挑战，非正式工人及其家庭尤其容易受到疫情和相关封锁措施的负面经济后果的影响，而他们工作的非正式性本身就使得政府难以迅速提供有针对性的经济救助，以南非为例，已建立的社会援助系统只能为正规工人及其家庭提供紧急救济，这导致非正式工人家庭贫困发生的风险极高。Gupta（2021）指出在印度宣布封闭后的一个月里，每周家庭本地收入下降了1 022卢比（13.5美元），与长期平均水平相比下降了88%。Palomino（2020）对欧洲成员国家的估计表明，员工贫困指数平均从4.9个百分点增长到9.4个百分点，贫困工人的平均损失率在10%～16.2%。根据估计数据，基尼系数的平均增幅在3.5%～7.3%，疫情传播下地区封锁和社会距离措施产生了双重分化过程，国家内部和国家之间的不平等都在加剧。

（二）粮食危机凸显

受新冠肺炎疫情影响，全球粮食减产风险增加，国际粮价持续高位运行，粮食危机问题凸显。联合国粮食及农业组织、世界粮食计划署等发布的《2020年全球粮食危机报告》显示，2019年全球估计有1.35亿人处于粮食不安全状态，是该报告近4年来的最高数字。联合国粮食及农业组织数据显示，自2014年以来，全世界饥饿人口数量有所增加，2020年约有7.68亿人（占世界人口的9.9%）营养不良，较2019年增加近1.18亿人。世界粮食计划署预计，由于疫情、灾害、天气等因素，截至2020年底，非洲面临粮食不安全的人数将增加90%～135%。

随着人员流动限制导致的劳动力短缺、饭店和学校关闭以及收入损失导致的粮食需求变化等因素的出现，农业和食品市场正面临着混乱。据国际粮食政策研究所（IFPRI）发布的《新冠肺炎疫情对全球粮食安全的风险》报告，一些国家的出口限制政策严重影响了全球小麦和大米等主食的贸易。新冠肺炎疫情已影响了粮食安全的四大支柱，即“可供应量”（食物供应是否充足）、“获取渠道”（人们能否获取所需食物）、“充分利用”（人们是否摄入了足够的营养）和“稳定供应”（人们可否随时获取所需营养）。新冠肺炎疫情最直接、最严重地影响了人们获得食物的机会，消费者需求向价格便宜、营养少的食品转变，食品价格不稳定性增加。

自新冠肺炎疫情流行以来，全球小麦价格持续波动，2020年1月至7月初下跌了约10%。相比之下，全球稻米市场价格在2020年1月至4月上涨了20%左右。在越南禁止大米出口的禁令结束后，到7月初，大米价格下跌至大约2020年1月的水平。价格波动会引起供应的不确定性，从而冲销可以提高生产率或食品质量的投资。

2021年全球干旱、洪涝等极端天气频发，全球粮食减产风险逐渐上升。加拿大“草原三省”（阿尔伯塔省、萨斯喀彻温省、曼尼托巴省）和美国大平原北部地区干旱严重，导致春小麦收成大幅下降。欧亚多国均因强降雨引发严重的洪涝灾害。法国、德国等欧洲国家粮食减产、质量受损。印度东部地区洪灾造成多个地区被洪水淹没。我国河南的小麦在洪灾前已获得丰收，但玉米、大豆等秋粮作物受损。新冠肺炎疫情、极端天气频发等因素叠加，给国际粮食贸易带来诸多不确定性，各国粮食进口面临更为复杂严峻的外部挑战，必须着眼于增强全球粮食供应链管理能力，积极开展全球和区域粮食安全治理机制建设，促进全球粮食资源合理流动，提升整体粮食安全水平。

专栏5.2　新冠肺炎疫情加剧了粮食危机，导致贫困发生率提高

对于许多中低收入国家而言，新冠肺炎疫情的广泛传播增加了粮食危机，进而导致贫困发生率的增加。Ingutia（2021）指出新冠肺炎疫情造成的大范围饥荒可能比病毒造成的死亡人数更多，阻碍了全球2030

年消除饥饿和贫困的可持续发展目标议程。对于粮食贫困发生的原因，一方面，Quaife（2020）认为是疫情防控措施改变了人与人之间的接触模式，这造成了相当大的经济和粮食不安全；另一方面，Pereira（2020）认为在较贫穷的国家，由于政治、经济和社会干预措施相对薄弱，国家的粮食生产和分销链受到损害，低收入群体获得健康食品的机会减少，加剧了穷人的脆弱性。Laborde（2021）针对南亚和撒哈拉以南非洲的研究表明，隔离措施导致粮食产出下降，居民储蓄下降导致了食品消费能力降低，整个非洲地区在新冠肺炎疫情的影响下将有1.5亿人陷入1.9美元贫困和粮食不安全中；Bidisha（2021）认为孟加拉国低收入群体的食品消费支出占总支出的比重较高，预计疫情的冲击将直接影响这些家庭的基本食品消费能力，某些特定群体，如日工和个体户更容易受到粮食危机的影响；Kansiime（2021）针对乌干达和肯尼亚的研究表明，收入贫困家庭和依赖劳动收入的家庭更容易受到冲击，在受访者中，超过2/3的人收入下降，粮食不安全者的比例分别增加了38%和44%，水果的常规消费减少了约30%。

（三）教育风险升高

新冠肺炎疫情导致学校关闭，引发教育危机，全球1.56亿名学生受到影响，2 500万人可能再也无法重返学校。世界银行发布的《新冠肺炎疫情导致贫困发生率上升和不平等加剧问题》显示，疫情可能导致全球儿童失去0.3 ~ 0.9年的学校教育机会，其中贫困家庭儿童受影响最大。据联合国经济与社会事务部发布的《2021年可持续发展目标报告》，2020年未能达到最低阅读熟练水平的儿童和青年（一至八年级）增加了1.01亿人，抹去了最近20年来全球在教育领域所取得的发展成果。全球2/3的学生因学校完全或部分停课而受到影响，对儿童及青年的学习和福祉造成了破坏性后果。非洲50余国关闭学校，约6亿名学生教育被迫中断。疫情对学校教育的影响是一场“代际灾难”。

就在疫情暴发之前，全球53%的年轻人正在完成中学学业，撒哈拉以南非洲29%的年轻人正在完成中学学业。但在疫情发生后，学业完成率的上升可能放缓甚至逆转，具体情况取决于学校停课的持续时间和贫困现象可能增加的程度。新冠肺炎疫情危机再次表明，物质条件会影响教育机会，这在需要计算机和平板电脑的远程学习情况下尤为明显。平均而言，高收入家庭比低收入家庭拥有更多设备，而低收入家庭通常并非每个孩子都有电脑。在德国，2020年初，家庭月净收入较高（5 000 ～ 18 000欧元）的家庭平均拥有4台设备。在撒哈拉以南非洲，近90%的学生家中没有电脑，82%的学生无法上网，远程教育难以开展。而在中亚地区，有电脑和网络的家庭也占比很小，哈萨克斯坦有电脑和网络的家庭占比分别为80.5%和90.3%，乌兹别克斯坦有电脑和网络的家庭占比分别为41.2%和80.4%，塔吉克斯坦有电脑和网络的家庭占比仅有21.1%和26.7%，吉尔吉斯斯坦和土库曼斯坦数据不详。以上数据体现出电脑和网络并没有覆盖中亚的大部分家庭，疫情停课时，相当一部分学生没有进行远程课程学习的条件。在东亚、太平洋区域以及占全球4.63亿名学生49%的南亚，很多学生也无法通过广播、数字或在线学习方式学习。

新冠肺炎疫情严重影响了亚洲学生的教育，据亚洲发展银行发布的《2021年亚洲发展展望》，学习上的损失将减少受影响亚洲学生的未来生产力和终身收入。在亚洲及太平洋地区，49个亚洲开发银行成员国中只有5个没有实施学校停课措施，估计有8.25亿名学生受到影响，这意味着整个亚洲和太平洋地区90%以上的学生受到潜在收入损失。这些损失的现值估计为1.25万亿美元，相当于2020年亚洲总产值的5.4%。从2020年2月16日到2021年4月30日，中亚地区学校全部停课天数为73d，部分停课天数为82d。这将使中亚地区每名学生每年产生潜在收入损失达到39 ～ 78美元。在亚洲发展中国家，每个受学校关闭影响的学生每年将产生潜在收入损失约180美元，相当于平均年收入下降2.4%。为了应对儿童及青少年在疫情冲击下被迫失学这一情况，多国政府也尝试采取了有效措施。例如，牙买加着手进行物理基础设施方面的建设，帮助学校连接到现有的全岛宽带网络以访问高速互联网，并在未来几年内帮助每个社区和家庭连接到互联网；荷兰政府提供远程教育的帮助和支持，学校不得对数字方式提供的教材与课程收取额外费用，内阁给予财政支持为条件困难的学生提供远程学习设备与互联网。

（四）贫困儿童生存危机加剧

对于最脆弱的儿童和不能进行远程学习的儿童而言，无法返回校园、被迫接受童婚或成为童工的风险增加。疫情严重损害了家庭收入，许多儿童可能被迫加入劳动大军。贫困率上升1%将导致一些国家童工数量至少增加0.7%。即便学校重开，一些父母也不再有能力负担子女学业，更多儿童可能被迫沦为童工。

此外，由于疫情后大量学校关闭，以校餐为主要营养来源的近3.7亿名贫困儿童“断供”，全球儿童面临营养不良的风险加剧。在拉丁美洲和加勒比地区，约有8 500万名儿童依赖学校供餐。对其中1 000万名儿童来说，校餐是每天最为可靠的食品来源。在撒哈拉以南非洲，半数儿童生活在极端贫困中，校餐是多数儿童每天唯一的正餐。《2021年全球粮食危机报告》显示，全球面临重度粮食安全问题的人口中超过半数生活在非洲。在南亚，6亿名儿童中有逾1/3生活在贫困之中，他们主要依靠校餐免于饥饿。联合国儿童基金会指出，在最严重情况下，预计6个月内疫情将造成南亚再有1.2亿名儿童陷入贫困。

疫情也挤占了大量医疗和其他社会资源，导致贫困儿童面临多方面健康威胁。从贫困发生的家庭视角来看，在一些低收入国家和发展中国家，Dastan（2020）指出公共部门向家庭征收新冠肺炎疫情卫生服务的使用费，这种灾难性医疗卫生支出（OPS）使得家庭面临贫穷和财政困难的风险更大。家庭收入减少迫使贫困家庭减少主要的卫生和粮食开支，这将对儿童、孕妇和哺乳期母亲造成严重影响。目前，至少23个国家的麻疹疫苗接种活动已经停止。由于卫生服务已不堪重负，生病的儿童获得医疗服务越来越困难。国际社会在过去两三年内在降低婴儿死亡率方面取得的进展也将受到影响。英国医学期刊《柳叶刀·全球健康》2021年5月刊载的研究预测，在最严重情况下，6个月内，低收入和中低收入国家常规医疗服务将减少近45%，5岁以下儿童死亡率将上升44.7%。换言之，6个月内因无法获得常规医疗服务而死亡的5岁以下儿童数量可能增加120万名，受影响最为严重的地区是南亚，其次为非洲中西部、东部和南部。

三、新冠肺炎疫情影响下的中国减贫措施

在2020年脱贫攻坚战收官之年，突如其来的新冠肺炎疫情，给各国带来严重冲击，给世界经济带来重创，给中国脱贫攻坚带来了新的困难和挑战。人流物流受阻，使贫困劳动力外出务工时间减少、工资水平下降，扶贫车间和龙头企业复工复产延迟，贫困群众发展生产、销售产品遇到困难等，贫困地区新兴的旅游产业受到重创。面对严峻疫情防控形势，我国坚持在就业、粮食、教育等涉及人民群众切身利益的社会民生领域大刀阔斧地进行改革，针对最直接、最现实、人民群众最关心的问题，出台一项项惠民之举，铺就一条条民生之路。

（一）实施就业优先政策

2020年3月6日，习近平总书记主持召开决战决胜脱贫攻坚座谈会，这是2012年以来脱贫攻坚方面最大规模的会议，为克服疫情影响、如期打赢脱贫攻坚战作出系列部署。各地区各部门积极转变工作方式，有力有序推进脱贫攻坚工作。中国政府建立疫情影响分析应对机制，针对出现的问题，出台就业、产业、财政、金融等方面支持政策。

一是加大资金支持力度，中央本级2020年投入1 461亿元，另外安排300亿元直接到县补短板资金。地方各级政府也加大了投入力度。二是集中力量解决难点痛点，对当时未摘帽的52个贫困县和1 113个贫困村实施挂牌督战。查漏补缺，全面解决“两不愁、三保障”存在的问题。三是加大就业扶贫力度。推动扶贫项目和扶贫龙头企业、扶贫车间开工复工，充分利用东西部扶贫协作机制组织贫困劳动力外出务工和稳岗就业，设立扶贫公益性岗位，解决半劳动力、弱劳动力的就业问题。为解决外出务工难题，各劳动力输入大省还采取“包车”“包机”等方式，赴农村地区接务工人员返岗。四是加大产业扶贫力度。延长扶贫小额贷款还款期限，支持贫困户发展生产自救。组织开展消费扶贫行动，解决贫困地区农产品滞销问题。五是建立防止返贫监测和帮扶机制。明确对脱贫不稳定户、边缘易致贫户以及因疫情影响等引发的刚性支出明显超过上年度收入和收入大幅缩减的家庭加强监测，提前采取针对性帮扶措施，防止返贫和产生新的贫困。

2020年10月底，重点监测的25个省份外出务工贫困劳动力2 973万人，相当于2019年同期的109%，较疫情初期3月6日增加1 553万人，增幅达到109%。全社会助力脱贫攻坚的氛围日益浓厚，消费扶贫成效明显，超额完成2 000亿元人民币的年度销售任务。这一系列克服疫情影响的脱贫攻坚实践，为如期实现农村贫困人口全部脱贫、贫困县全部摘帽的目标奠定了坚实基础。

（二）高度重视粮食生产

因全球气候变化和新冠肺炎疫情的大流行，国际粮价出现攀升，国际粮食供求平衡受到干扰，给世界粮食安全带来重大挑战。在此背景下，我国重视粮食问题，讲好中国粮食故事。立足国内，大力实施国家粮食安全战略，全面落实“藏粮于地、藏粮于技”的基本方针，不断提升粮食收储调控能力，做好粮食市场和流通的工作，确保“谷物基本自给、口粮绝对安全”，切实把握住粮食安全的主动权。根据2019年发布的《中国的粮食安全》白皮书，我国小麦和稻谷两大口粮自给率超过100%，谷物自给率超过95%，把14亿中国人的饭碗牢牢端在自己手中。

针对国际粮价持续上涨的问题，粮食库存充足是稳定市场的前提。我国粮食库存由政府储备、政策性库存和企业商品库存三大类组成。政府储备包括中央储备粮和地方储备粮，是保障粮食安全的“压舱石”。政策性库存是国家实行最低收购价、临时收储等政策形成的库存，库存数量相当可观，常年在市场公开拍卖。国家粮食交易中心的数据显示，截至2020年10月29日，2020年共计组织国家政策性粮食拍卖专场203次，拍卖总量达到9 695.6万t，有效满足了市场需求。企业商品库存是指企业为了经营周转需要建立的自有库存，目前入统企业有4万多家，也有一定库存数量。我国坚守粮食安全底线，采取一系列保供稳价措施，使得全球粮价疯涨的负面影响在国内降到了最低。

2020年中国粮食总产量66 949万t，比2019年增加565万t，年产量已连续6年保持在0.65万亿kg以上。我国是世界最大的粮食储备量国家，储备数量可以满足全国一年的口粮消费。新冠肺炎疫情下，我国粮食单产仍逐年提高，实现“十三连增”，在国家的重视和投入下，单产还会继续提高。

（三）切实保障教育连续性

全球疫情防控期间，中国教育部统筹疫情防控和教育改革发展，实现了50多万所学校、2亿多名在校生、2 200多万名教职工“停课不停教、停课不停学”，切实保障广大学生的生命健康和受教育权。通过开通国家中小学网络云平台和中国教育电视台空中课堂，满足了在线教育需求；因地制宜开展教师信息技术应用能力培训，提高了教育教学质量；积极通过铺设宽带、架设基站、提供手机或平板电脑等方式，满足农村和偏远地区贫困学生在家上网课需求。

为了帮助家庭困难的学生渡过新冠肺炎疫情难关，缓解家庭经济压力，各地各校学生资助管理部门对于疫情防控期间的学生资助工作高度重视，设计合理周密的资助方案，全面谋划学生的各项资助工作。各地各校了解并掌握本校经济困难学生的身体和生活状况，对于受疫情影响较为严重的区域，偏远贫困区域以及建档立卡、残疾、低保等特殊困难学生群体给予更多关注。如果因为此次疫情导致家庭经济困难，各地各校及时给予相应资助，帮助分担家庭经济压力。

贫困是人类社会面临的共同挑战，普及有质量的教育是消灭贫困的关键基础。我国政府高度重视教育贫困问题，将教育作为阻断贫困代际传递、实现脱贫致富的根本之策，走出了一条中国特色教育减贫道路。通过实施教育精准帮扶，义务教育保障目标全面实现，中国贫困县义务教育巩固率达到94.8%，长期存在的失学辍学问题得到历史性解决；贫困地区学校面貌发生格局性变化，99.8%的义务教育学校办学条件达到基本要求；2020年底，中国全部完成教育脱贫攻坚各项目标。

（四）全力做好民生保障

新冠肺炎疫情直接影响居民收入，再叠加物价上涨等因素，部分群众基本生活面临的困难增多。国家落实“米袋子”省长责任制和“菜篮子”市长负责制，密切关注疫情对市场供求的影响，做好居民生活必需品保供调度，防止物价过快上涨，保障主副食品稳定供应，确保人民基本生活不受影响，维护社会大局稳定。各地组织超市、商场、批发企业积极调配货源，从粮食、蔬菜生产基地调入各类新鲜蔬菜、水果、米面粮油，保障市场供应和居民需要。加强市场和质量监管，严厉打击借机涨价的商家，同时运用互联网 、大数据等现代信息化手段，及时向老百姓公布粮食、蔬菜、肉蛋等涉及“菜篮子”“米袋子”的商品的市场价格，让老百姓及时掌握粮食、蔬菜的价格信息，避免因信息不对称而导致的生活物资供应紧张等引发群众恐慌。疫情防控期间保持基本民生服务不断档，鼓励同群众生活密切相关的服务业有序恢复营业。强化对困难群众的兜底保障，对患者特别是有亲人罹难的家庭重点照顾，安排基本生活；对因疫情在家隔离的孤寡老人、困难儿童、重病重残人员等群体，走访探视和提供必要帮助。统筹其他疾病患者医疗救治工作，做到急重症患者救治有保障、慢性病患者用药有供应、一般患者就医有渠道。

专栏5.3　新冠肺炎疫情影响下的全球减贫措施

Adam（2020）指出对于新冠肺炎疫情流行下的非洲贫困，国际机构已提供400亿～500亿美元资金援助，加上非洲各国正在加快经济复苏，将有效减少贫困的发生；Bhorat（2021）指出南非政府实施了500亿兰特的社会援助支出，且认为该社会援助不应被视为一项标准的减贫行动，而是地方结合当地治理特点为减轻最严重的弱势群体遭受疫情相关收入冲击的一种尝试；Bragina（2021）指出政府的主要方法应是通过直接资金注入，直接在穷人中分配金钱和食品。还有一些学者提出了疫情时期金融工具对减贫的影响。例如，Umar（2021）指出伊斯兰社会金融工具（伊斯兰小额信贷、akat、waqf等）对疫情下的减贫具有潜在的显著积极贡献；Gutierrez-Romero（2020）利用79个低收入和中低收入国家的跨国数据，探讨了普惠金融有助于缓解贫困增加；Akseer（2020）指出在疫情时期帮扶策略可能包括有针对性的社会保障网络项目、延期付款或减税，以及针对最弱势群体的适当现金支持项目。针对中低收入国家和发展中国家的减贫政策未来发展方向，Duque（2021）认为疫情下的减贫政策应当以解决缺乏安全住房和优质医疗服务等障碍为主要目标。

巴基斯坦政府出台了一系列救济政策。取消紧急医疗设备进口关税，重新放开低薪工人（2 000亿卢比）；向低收入家庭转移现金（1 500亿卢比）；加快出口业退税（1 000亿卢比）；向中小企业提供财政支助（10 000亿卢布），用于小麦采购的资源（2 800亿卢比）；向公用事业商店提供财政支助（500亿卢比），用于提高燃料价格（700亿卢布）；支持卫生用品和食品供应（150亿卢比），电费支付额1 100亿卢比，应急基金1 000亿卢比和向国家灾害管理局（NDMA）转移资金；用于购买必要的设备来应对新冠肺炎疫情（250亿卢布）。委内瑞拉实行了保护工资和就业的持续政策，尽管发生了经济战争和新冠肺炎疫情，委内瑞拉2019年的失业率在6%～7%，委内瑞拉的财富分布也有所改善，基尼系数从1999年的0.469大幅度减少到了2020年的0.386。

第六章

全球减贫发展展望

新冠肺炎疫情以来，全球经济下行趋势明显，失业率高，给世界各国带来了巨大冲击，全球经济、社会、文化、科技、教育等领域的不平等现象进一步加剧，大量新进贫困人口更多出现在贫困发生率已经很高的国家和地区，全球减贫面临严峻挑战。

一、正视风险挑战

（一）全球减贫进程放缓

近年来，全球减贫进展面临一定阻力，减贫速度有所放缓。针对此情况，全球各大洲及国家均采取一定减贫措施积极应对，以加强防范未来可能出现的风险。亚洲国家国际贸易受到严重影响，因疫情而中断和调整的全球产业链分工，在很大程度上可能影响亚洲国家的减贫路径；非洲国家依靠国际援助缓解贫困的模式也在疫情暴发下显得捉襟见肘；部分发达国家贫困人口数量上升，且受制于防疫和经济恢复，难有余力帮助其他发展中国家开展减贫工作，进而影响依靠国际援助缓解贫困的国家和地区的减贫进展；拉美和加勒比地区依靠社会支出带动减贫，疫情阻碍经济发展使政府收入减少、支出增加，给减贫工作带来重重障碍。

（二）疫后复苏进度各异

目前全球经济恢复呈现分化格局，一些国家仍受到疫情影响。另外，全球各大区域国家减贫进展极不均衡，拉美和加勒比地区的减贫进展可观，处于逐步减少贫困阶段。然而近十年来，非洲大部分国家减贫进展缓慢，部分国家存在返贫风险。大洋洲两极分化明显。亚洲地区实现了高速经济增长，以中国为代表的多个国家全面脱贫，为全球减贫工作作出重要贡献。

（三）生态环境问题突出

全球气候变暖加速，臭氧层破坏，生物多样性减少，酸雨蔓延，森林锐减，冰川消融，海平面上升，土地荒漠化……气候极端性增强。全球大部分贫困人口生活在生态环境较为脆弱的地区，尤其主要分布在农村地区以及生态高度退化的区域。因此，对于这部分贫困群体而言，生态退化将导致贫困。全球愈发严峻的生态环境问题不仅给贫困地区产业发展带来严重影响，减少了大量就业岗位，带来直接的收入损失，同时荒漠化、干旱等也会严重威胁人类的健康，制约贫困群体持续脱贫。

（四）地区冲突加重挑战

冲突地区的经济发展停滞不前、社会秩序严重破坏、贫困人口数量激增，同时恐怖活动外溢还可能牵连周边地区，进一步加剧地区贫困。战争导致贫困，贫困地区人民为了争取生存资料等，又极有可能引发战争，产生恶性循环。

（五）粮食危机问题凸显

2020年，55个国家和地区约1.55亿人处于危机或更严重的粮食不安全状况中，人数比2019年增加了近2 000万人，达到过去五年的最高水平。地区冲突、极端天气、包括新冠肺炎疫情影响在内的经济冲击构成了严重粮食不安全的三个主要驱动因素。由于新冠肺炎疫情仍未得到有效控制，经济发展可能会面临更加严峻的影响，致使部分政府的高债务压力后续可能会阻碍粮食安全的进一步改善。

二、推进减贫进程

（一）持续改善医疗体系

拓展公共卫生服务，推进医疗体系持续改善，将人民健康放在优先发展的战略地位。各国应将“大卫生、大健康”理念融入经济社会发展各项政策措施，包括增加医疗卫生资源、提升服务质量、完善医疗机构经营机制、创新技术发展与合作、积极推进妇幼健康服务保障工程、促进建成全民医保制度等。重视医疗卫生公共资源的城乡差距，提高农村医疗财政投入，提升农民的医疗保险待遇标准。针对此次疫情所暴露的公共卫生防控体系问题，各国可根据自身卫生系统的完善程度和人口的脆弱程度，采取区别化应对措施，全面强化传染病防治体系建设，实施慢性病综合防控战略，提升全球营养健康水平。同时，积极开展全球务实合作，为落实营养健康相关可持续发展目标作出积极贡献。

（二）着力提升教育保障

教育减贫具有基础性和先导性作用，是阻断贫困代际传递的重要途径。教育水平低下和技能掌握不充分将阻碍个人发展，减缓减贫速度。应进一步加强和完善各国教育基础设施配备、促进妇女与儿童教育的发展、开展职业教育以直接促进就业、成立相应基金会、提供适当教育补助、部分地区推广远程学习方案等，确保高质量教育的权利、减少文盲和促进社会整体教育的发展，从而提升包括农村地区在内的贫困人口教育水平。同时，政策制定者与教育者也需考虑环境的特殊性，因地制宜。各国尤其是发展中国家财政性教育经费应不断增加，促进形成层次完整、类别齐全的教育体系，建立覆盖各级各类教育的家庭经济困难学生资助体系，改善教育公平状况，积极开展国际教育交流合作，发展公平、包容、有质量的教育。

（三）加强基础设施建设

基础设施作为生产和生活的物质基础，与贫困问题息息相关。各国应从水资源、能源、互联网和交通基础设施等多方面逐步构建基础设施网络。加强顶层设计和规划引导，不断提高基础设施质量水平与抗风险能力，扩大覆盖范围，提升其服务经济和民生的能力，提高广大民众和偏远地区在基础设施服务方面的可获得性。推进高质量跨国基础设施建设，为打破有关国家的基础设施瓶颈、改善区域贸易投资环境、增强发展内生动力作出积极贡献。加快调整能源结构，坚持能源清洁低碳的发展方向，大力发展水能、风能、太阳能等可再生能源，消除能源贫困。加大资金、政策支持力度，促进科技创新能力，不断升级清洁能源装备和技术。进一步加强基础设施国际交流与合作，促进发达国家通过经验分享、技术交流、项目对接等方式为发展中国家提供支持。推动基础设施转型升级，有相应条件的国家应提高新型数字基础设施覆盖率，实现互联互通。

（四）统筹应对气候变化和生态系统退化

各国应高度重视应对气候变化和生态文明建设，将节约资源和保护环境作为重中之重。农业、农村和农民最易受到气候变化和生态系统退化的影响，农业发展能够有效缓解贫困，统筹应对气候变化和生态系统退化是减贫的重要手段。第一，需注重以可持续的方式管理和恢复生态系统。第二，建立激励机制，鼓励农民和农业综合企业参与生态项目。第三，资助气候适应型和可持续项目，降低中小企业获得绿色融资的难度。第四，建立强大的多边体系，协同推动经济高质量发展和生态环境高水平保护，促进区域绿色发展格局加速形成。第五，积极参与全球气候环境治理，推进国际合作，落实气候变化《巴黎协定》，为全球应对气候变化和绿色低碳发展贡献力量。值得注意的是，通过控制碳排放应对气候变化不能剥夺落后国家和地区的发展权，重视由国际贸易产生的碳排放转移问题，帮助落后国家和地区提高能源利用效率，碳排放权适度向落后国家和地区倾斜，通过合理的转移支付，补偿落后国家的减排成本。

（五）制定短期与长期经济政策

新冠肺炎疫情所产生的就业和收入波动表明，各国需制定短期政策，帮助贫困人口应对经济冲击。短期可以面向中小企业提供财政和政策支持，向失业群体发放失业救济金，利用部分资金帮助返乡农民工创办新企业，从而创造农村经济活动和就业机会等。同时，各国应联手加大宏观政策对冲力度，实施有力有效的财政和货币政策，加强金融监管协调，维护全球金融市场稳定，共同维护全球产业链、供应链的稳定，保障跨境供应链的通畅。长期经济政策各国需要根据自身情况有所侧重，制定长远目标，进行持续性投入。

（六）深化多边合作

不同国家和地区减贫阶段、减贫模式和面临挑战各不相同，差异化的减贫战略为全球减贫工作提供了多样化方案，有助于全球协力共同消除贫困。为在全球层面更高效解决贫困问题，各国需深化多边合作，在贸易、公共卫生、基础设施建设、信息技术的广泛应用等领域持续开展合作，加强融资服务，推进双边和多边规划合作，促进政策沟通，加强人才培训。同时，不同国家和地区间应多分享减贫经验，互相对减贫过程中面临的问题提出建设性意见，携手推进国际减贫进程，构建远离贫困的人类命运共同体。

参考文献

安春英，2019. 全球贫困治理中的非洲减贫国际合作[J]. 当代世界(10)：23-28.

曾维忠，成蓥，杨帆，2018. 基于CDM碳汇造林再造林项目的森林碳汇扶贫绩效评价指标体系研究[J]. 南京林业大学学报(自然科学版)，42(4)：9-17.

程龙，薛人铭，赵佩锦，等，2021. 中国与中东欧国家合作反贫困研究[J]. 西南大学学报(社会科学版)，47(5)：67-79，224.

崔桂莲，刘文，2021. 发达国家老年减贫研究综述及启示[J]. 中国老年学杂志，41(1)：218-222.

冯维江，2021. 世界不发达地区的减贫实践及中国援助研究[J]. 人民论坛(11)：32-34.

何蕾，辛岭，胡志全，2019. 减贫：南非农业的使命——来自中国的经验借鉴[J]. 世界农业(12)：62-70，135.

鞠海龙，邵先成，2015. 中国—东盟减贫合作：特点及深化路径[J]. 国际问题研究(4)：26-39.

李小云，于乐荣，唐丽霞，2019. 新中国成立后70年的反贫困历程及减贫机制[J]. 中国农村经济(10)：2-18.

李玉恒，武文豪，宋传垚，等，2019. 世界贫困的时空演化格局及关键问题研究[J]. 中国科学院院刊，34(1)：42-50.

李云龙，2020. 全球贫困治理的中国方案[J]. 理论导报(1)：27-29.

联合国粮食及农业组织，2019.《全球粮食危机报告》：全球1亿多人仍受重度饥饿影响[J]. 世界农业，481(5)：98.

刘彦随，周成虎，郭远智，等，2020. 国家精准扶贫评估理论体系及其实践应用[J]. 中国科学院院刊，35(10)：1235-1248.

人民论坛"特别策划"组，2021. 人类减贫的历程及探索[J]. 人民论坛(11)：12-13.

童朗，2020. 中国减贫的历史性成就与中非减贫交流合作[J]. 中国非洲学刊，1(1)：106-125，159.

万广华，朱美华，2019. 国际援助的经济社会影响研究进展[J]. 经济学动态(9)：97-113.

王志章，郑时彦，2018. 中国与非洲合作反贫困的现状评价与路径优化研究[J]. 西南大学学报(社会科学版)，44(4)：65-77，194.

杨胜兰，2018. 中国东盟减贫合作：现状、挑战与前景思考——基于2030年可持续发展议程的视角[J]. 中共济南市委党校学报(6)：55-60.

于乐荣，李小云，2019. 中国益贫经济增长的时期特征及减贫机制[J]. 贵州社会科学(8)：100-107.

张琦, 2021. 全球减贫历史、现状及其挑战[J]. 人民论坛 (11) : 14-18.

张琦, 沈扬扬, 2020. 不同相对贫困标准的国际比较及对中国的启示[J]. 南京农业大学学报(社会科学版), 20 (4) : 91-99.

张晓颖, 王小林, 2019. 参与全球贫困治理: 中国的路径[J]. 国际问题研究 (3) : 125-136.

张原, 2018. 中国对"一带一路"援助及投资的减贫效应——"授人以鱼"还是"授人以渔"[J]. 财贸经济, 39 (12) : 111-125.

张原, 2019. "一带一路"倡议下的中国对外合作减贫——机制、挑战及应对[J]. 当代经济管理, 41 (1) : 11-16.

郑雪平, 2021. "一带一路"高质量建设驱动合作国家减贫研究[J]. 社会科学 (9) : 50-61.

钟玲, 王妍蕾, 齐顾波, 2013. 坦桑尼亚的减贫历程及挑战[J]. 中国农业大学学报(社会科学版), 30 (2) : 147-156.

左停, 2021. 全球减贫中的扶贫主体作用机制探究[J]. 人民论坛 (11) : 28-31.

Abdul-Rahim A S, Sun C, Noraida A W, 2018. The impact of soil and water conservation on agricultural economic growth and rural poverty reduction in China[J/OL]. https: //doi.org/10.3390/su10124444.

Adam C, Henstridge M, Lee S, 2020. After the lockdown: macroeconomic adjustment to the COVID-19 Pandemic in Sub-Saharan Africa[J]. Oxford review of economic policy, 36: S338-S358.

Akseer N, Kandru G, Keats E C, et al., 2020. COVID-19 Pandemic and mitigation strategies: implications for maternal and child health and nutrition[J]. American journal of clinical nutrition, 112 (2) : 251-256.

Alexander N A, Jang S T, 2020. Policy, poverty, and student achievement: an exploration of the impact of state policies[J]. Educational policy, 34: 674-704.

Alkire S, Dirksen J, Nogales R, et al., 2020. Multidimensional poverty and COVID-19 risk factors: a rapid overview of interlinked deprivations across 5.7 billion people[D]. Oxford: University of Oxford.

Al-Turk B, Harris C, Nelson G, et al., 2018. Poverty, a risk factor overlooked: a cross-sectional cohort study comparing poverty rate and cardiovascular disease outcomes in the state of Florida[J]. Journal of investigative medicine, 66: 693-695.

Andadari R K, Mulder P, Rietveld P, 2014. Energy poverty reduction by fuel switching. Impact evaluation of the LPG conversion program in Indonesia[J]. Energy policy, 66: 436-449.

Asian Development Bank (ADB), 2021. Asian development outlook 2021: financing a green and inclusive recovery[J]. Journal of Asian economic integration.

Baloch M A, Danish Khan S U D, Ulucak Z S, et al., 2020. Analyzing the relationship between poverty, income inequality, and CO_2 emission in Sub-Saharan African countries[J]. Science of the total environment, 740: 139867.

Bassier I, Budlender J, Zizzamia R, et al., 2021. Locked down and locked out: repurposing social assistance as emergency relief to informal workers[J]. World development, 139: 105271.

Berg J, Hilal A, El S, et al., 2021.World employment and social outlook: trends 2021[J].

Berry A, 2019. The distributional effects of a carbon tax and its impact on fuel poverty: a microsimulation study in the French context[J]. Energy policy, 124: 81-94.

Bhorat H, Oosthuizen M, Stanwix B, 2021. Social assistance amidst the COVID-19 Epidemic in South Africa: a policy assessment[J]. South African journal of economics, 89 (1) : 63-81.

Bidisha S H, Mahmood T, Hossain M B, 2021. Assessing food poverty, vulnerability and food consumption inequality in the context of COVID-19: a case of Bangladesh[J]. Social indicators research, 155 (1) : 187-210.

Blair C, Granger D A, Willoughby M, et al., 2011. Salivary cortisol mediates effects of poverty and parenting on executive functions in early childhood[J]. Child development, 82: 1970-1984.

Bragina E A, 2020. India's economy under pressure from COVID-19[J]. Outlines of global transformations: politics, economics, law, 13 (5) : 128-144.

Britton M L, Shin H, 2013. Metropolitan residential segregation and very preterm birth among African American and Mexican-Origin women[J]. Social science & medicine, 98: 37-45.

Brown P H, Park A, 2002. Education and poverty in rural China[J]. Economics of education review, 21: 523-541.

Brum M, De Rosa M, 2021. Too little but not too late: nowcasting poverty and cash transfers' incidence during COVID-19's crisis[J]. World development, 140: 105227.

Bryceson D F, Bradbury A, Bradbury T, 2008. Roads to poverty reduction?—Exploring rural roads' impact on mobility in Africa and Asia[J]. Development policy review, 26: 459-482.

Cluver L, Boyes M, Orkin M, et al., 2013. Poverty, AIDS and child health: identifying highest-risk children in South Africa[J]. Samj South African medical journal, 103: 910-915.

Collins D, Zheng C, 2015. Managing the poverty-CO_2 reductions paradox: the case of China and the EU[J]. Organization & environment, 28: 355-373.

Collins J W, David R J, Rankin K M, et al., 2009a. Transgenerational effect of neighborhood poverty on low birth weight among African Americans in cook county, Illinois[J]. American journal of epidemiology, 169: 712-717.

Collins J W, Wambach J, David R J, et al., 2009b. Women's lifelong exposure to neighborhood poverty and low birth weight: a population-based study[J]. Maternal and child health journal, 13: 326-333.

Costello E J, Compton S N, Keeler G, et al., 2003. Relationships between poverty and psychopathology—a natural experiment[J]. Jama-journal of the American medical association,

290: 2023-2029.

Crews D C, Kuczmarski M F, Miller E R, et al., 2015. Dietary habits, poverty, and chronic kidney disease in an urban population[J]. Journal of renal nutrition, 25: 103-110.

Daniele V, 2021. Socioeconomic inequality and regional disparities in educational achievement: the role of relative poverty[J]. Intelligence, 84: 101515.

Dastan I, Abbasi A, Arfa C, et al., 2021. Measurement and determinants of financial protection in health in Afghanistan[J]. BMC health services research, 21 (1) : 1-15.

De Franco E A, Lian M, Muglia L A, et al., 2008. Area-level poverty and preterm birth risk: a population-based multilevel analysis[J]. BMC public health, 8: 316.

Dercon S, Gilligan D O, Hoddinott J, et al., 2009. The impact of agricultural extension and roads on poverty and consumption growth in fifteen Ethiopian villages[J]. American journal of agricultural economics, 91: 1007-1021.

Dhar U, 2021. Asian development outlook 2020: what drives innovation in Asia[J]? Journal of Asian economic integration, 3 (1) : 98-100.

Dhrifi A, Jaziri R, Alnahdi S, 2020. Does foreign direct investment and environmental degradation matter for poverty? Evidence from developing countries[J]. Structural change and economic dynamics, 52: 13-21.

Dinkelman T, 2011. The effects of rural electrification on employment: new evidence from South Africa[J]. American economic review, 101: 3078-3108.

Drewnowski A, Specter S E, 2004. Poverty and obesity: the role of energy density and energy costs[J]. American journal of clinical nutrition, 79: 6-16.

Duque R B, 2021. Black health matters too horizontal ellipsis especially in the era of COVID-19: how poverty and race converge to reduce access to quality housing, safe neighborhoods, and health and wellness services and increase the risk of co-morbidities associated with global pandemics[J]. Journal of racial and ethnic health disparities, 8 (4) : 1012-1025.

Evans G W, English K, 2002. The environment of poverty: multiple stressor exposure, psychophysiological stress, and socioemotional adjustment[J]. Child development, 73: 1238-1248.

Fan S, Chan-Kang C, 2008. Regional road development, rural and urban poverty: evidence from China[J]. Transport policy, 15: 305-314.

Fraser M S, Wachira B W, Flaxman A D, et al., 2020. Impact of traffic, poverty and facility ownership on travel time to emergency care in Nairobi, Kenya [J]. African journal of emergency medicine, 10: 40-45.

Fujimori S, Hasegawa T, Oshiro K, 2020. An assessment of the potential of using carbon tax revenue to tackle poverty[J]. Environmental research letters, 15: 114063.

Galperin H, Viecens M F, 2017. Connected for development? Theory and evidence about the impact of Internet technologies on poverty alleviation[J]. Development policy review, 35: 315-336.

Garcia-Mora F, Mora-Rivera J, 2021. Exploring the impacts of internet access on poverty: a regional analysis of rural Mexico[J]. New media & society, 14614448211000650.

Gibson J, Olivia S, 2010. The effect of infrastructure access and quality on non-farm enterprises in rural Indonesia[J]. World development, 38: 717-726.

Gigante D P, Horta B L, Matijasevich A, et al., 2015. Gestational age and newborn size according to parental social mobility: an intergenerational cohort study[J]. Journal of epidemiology and community health, 69: 944-949.

Glomsrod S, Wei T, Aamaas B, et al., 2016. A warmer policy for a colder climate: can China both reduce poverty and cap carbon emissions[J]? Science of the total environment, 568: 236-244.

Grogan L, Sadanand A, 2013. Rural electrification and employment in poor countries: evidence from Nicaragua[J]. World development, 43: 252-265.

Gupta A, Zhu H, Doan M K, et al., 2021. Economic impacts of the COVID-19 lockdown in a remittance-dependent region[J]. American journal of agricultural economics, 103 (2) : 466-485.

Gutierrez-Romero R, Ahamed M, 2021. COVID-19 response needs to broaden financial inclusion to curb the rise in poverty[J]. World development, 138: 105229.

Hair N L, Hanson J L, Wolfe B L, et al., 2015. Association of child poverty, brain development, and academic achievement[J]. JAMA pediatrics, 169: 822-829.

Hanjra M A, Ferede T, Gutta D G, 2009a. Reducing poverty in Sub-Saharan Africa through investments in water and other priorities[J]. Agricultural water management, 96: 1062-1070.

Hanjra M A, Ferede T, Gutta D G, 2009b. Pathways to breaking the poverty trap in Ethiopia: investments in agricultural water, education, and markets[J]. Agricultural water management, 96: 1596-1604.

Hardy B L, Marcotte D E, 2020. Ties that bind? Family income dynamics and children's post-secondary enrollment and persistence[J]. Review of economics of the household (5) : 1-25.

Hentges R F, Galla B M, Wang M T, 2019. Economic disadvantage and math achievement: the significance of perceived cost from an evolutionary perspective[J]. British journal of educational psychology, 89: 343-358.

Herbers J E, Cutuli J J, Supkoff L M, et al., 2012. Early reading skills and academic achievement trajectories of students facing poverty, homelessness, and high residential mobility[J]. Educational researcher, 41: 366-374.

Hesson A M, Pitts D S, Langen E S, 2021. Delivering equity: preterm birth by socioeconomic class before and after coverage of 17-hydroxyprogesterone caproate[J]. Journal of maternal-fetal &

neonatal medicine: 1-5.

Hopcraft J G C, Bigurube G, Lembeli J D, et al., 2015. Balancing conservation with national development: a socio-economic case study of the alternatives to the serengeti road[J]. Plos one, 10: e0130577.

Hou B, Liao H, Huang J, 2018. Household cooking fuel choice and economic poverty: evidence from a nationwide survey in China[J]. Energy and buildings, 166: 319-329.

Hsu C C, Lee C H, Wahlqvist M L, et al., 2012. Poverty increases type 2 diabetes incidence and inequality of care despite universal health coverage[J]. Diabetes care, 35: 2286-2292.

Hu D, 2009. Poverty reduction and water governance: lessons from and problems in Northwestern China[J]. Water policy, 11: 645-660.

Hyder P, 2008. Recycling revenue from an international carbon tax to fund an integrated investment programme in sustainable energy and poverty reduction[J]. Global environmental change-human and policy dimensions, 18: 521-538.

Ingutia R, 2021. The impacts of COVID-19 and climate change on smallholders through the lens of SDGs; and ways to keep smallholders on 2030 agenda[J]. The international journal of sustainable development and world ecology, 28 (3) : 1-16.

Jahan S, 2008. Poverty and infant mortality in the Eastern Mediterranean region: a meta-analysis[J]. Journal of epidemiology and community health, 62: 745-751.

Jin G, Fu R, Li Z, et al., 2018. CO_2 emissions and poverty alleviation in China: an empirical study based on municipal panel data[J]. Journal of cleaner production, 202: 883-891.

Jin G, Guo B, Deng X, 2020. Is there a decoupling relationship between CO_2 emission reduction and poverty alleviation in China[J]? Technological forecasting and social change, 151: 119856.

Kansiime M K, Tambo J A, Mugambi I, et al., 2021. COVID-19 implications on household income and food security in Kenya and Uganda: findings from a rapid assessment[J]. World development, 137: 105199.

Kent S T, McClure L A, Zaitchik B F, et al., 2013. Area-level risk factors for adverse birth outcomes: trends in urban and rural settings[J]. Bmc pregnancy and childbirth, 13: 129.

Khandker S R, Barnes D F, Samad H A, 2012. The welfare impacts of rural electrification in Bangladesh[J]. Energy journal, 33: 187-206.

Laborde D, Martin W, Swinnen J, et al., 2020. COVID-19 risks to global food security[J]. Science, 369 (6503) : 500-502.

Laborde D, Martin W, Vos R, 2021. Impacts of COVID-19 on global poverty, food security, and diets: insights from global model scenario analysis[J]. Agricultural economics (7) .

Lai E T C, Wickham S, Law C, et al., 2019. Poverty dynamics and health in late childhood in the UK: evidence from the millennium cohort study[J]. Archives of disease in childhood, 104 (11) .

Lee Y S, Oh J Y, Min K H, et al., 2019. The association between living below the relative poverty line and the prevalence of chronic obstructive pulmonary disease[J]. Journal of thoracic disease, 11: 427-437.

Lenz L, Munyehirwe A, Peters J, et al., 2017. Does large-scale infrastructure investment alleviate poverty? Impacts of Rwanda's electricity access roll-out program[J]. World development, 89: 88-110.

Leventi C, Sutherland H, Tasseva I V, 2019. Improving poverty reduction in Europe: what works best where[J]? Journal of European social policy, 29 (1) : 29-43.

Liu D, Ku H Y, Morgan T L, 2019. The condition of poverty: a case study of low socioeconomic status on Chinese students' national college entrance exam and college enrolment[J]. Asia Pacific journal of education, 39: 113-132.

Luby J, Belden A, Botteron K, et al., 2013. The effects of poverty on childhood brain development the mediating effect of caregiving and stressful life events[J]. JAMA pediatrics, 167: 1135-1142.

Lund C, Breen A, Flisher A J, et al., 2010. Poverty and common mental disorders in low and middle income countries: a systematic review[J]. Social science & medicine, 71: 517-528.

Malerba D, 2020. The trade-off between poverty reduction and carbon emissions, and the role of economic growth and inequality: an empirical cross-country analysis using a novel indicator[J]. Social indicators research, 150: 587-615.

Malerba D, Gaentzsch A, Ward H, 2021. Mitigating poverty: the patterns of multiple carbon tax and recycling regimes for Peru[J]. Energy policy, 149: 111961.

Mani A, Mullainathan S, Shafir E, et al., 2013. Poverty impedes cognitive function[J]. Science, 341: 976-980.

Marcus A F, Illescas A H, Hohl B C, et al., 2017. Relationships between social isolation, neighborhood poverty, and cancer mortality in a population-based study of US adults[J]. Plos one, 12: e0173370.

Margerison-Zilko C, Cubbin C, Jun J, et al., 2015. Beyond the cross-sectional: neighborhood poverty histories and preterm birth[J]. American journal of public health, 105: 1174-1180.

Medeiros V, Marques Ribeiro R S, Maia Do Amaral P V, 2021. Infrastructure and household poverty in Brazil: a regional approach using multilevel models[J]. World development, 137: 105118.

Miller P, Votruba-Drzal E, Coley R L, 2019. Poverty and academic achievement across the urban to rural landscape: associations with community resources and stressors[J]. Rsf-the russell sage journal of the social sciences, 5: 106-122.

Moav O, 2005. Cheap children and the persistence of poverty[J]. Economic journal, 115: 88-110.

Mohamoud Y A, Kirby R S, Ehrenthal D B, 2019. Poverty, urban-rural classification and term infant mortality: a population-based multilevel analysis[J]. BMC pregnancy and childbirth, 19: 40.

Mohamoud Y A, Kirby R S, Ehrenthal D B, 2021. County poverty, urban-rural classification, and the causes of term infant death United States, 2012—2015[J]. Public health reports, 0033354921999169.

Molitor J, Su J G, Molitor N T, et al., 2011. Identifying vulnerable populations through an examination of the association between multipollutant profiles and poverty[J]. Environmental science & technology, 45: 7754-7760.

Morgan P J, Trinh L Q, 2021. Impacts of COVID-19 on households in ASEAN Countries and their implications for human capital development[J]. ADBI working papers.

Mottaleb K A, Rahut D B, 2019. Impacts of improved infrastructure on labor allocation and livelihoods: the case of the jamuna multipurpose bridge, Bangladesh[J]. European journal of development research, 31: 750-778.

Namara R E, Hanjra M A, Castillo G E, et al., 2010. Agricultural water management and poverty linkages[J]. Agricultural water management, 97: 520-527.

Nkurunziza J, Broekhuis A, Hooimeijer P, 2017. Do poverty reduction programmes foster education expenditure? New evidence from Rwanda[J]. Journal of Asian and African studies, 52: 425-443.

Ojha V P, 2009. Carbon emissions reduction strategies and poverty alleviation in India[J]. Environment and development economics, 14: 323-348.

Palacio-Mejia L S, Rangel-Gomez G, Hernandez-Avila M, et al., 2003. Cervical cancer, a disease of poverty: mortality differences between urban and rural areas in Mexico[J]. Salud publica de Mexico, 45: S315-S325.

Palomino J C, Rodriguez J G, Sebastian R, 2020. Wage inequality and poverty effects of lockdown and social distancing in Europe[J]. European economic review, 129: 103564.

Parikh P, Fu K, Parikh H, et al., 2015. Infrastructure provision, gender, and poverty in Indian slums[J]. World development, 66: 468-486.

Pasha O, Wyczalkowski C, Sohrabian D, et al., 2020. Transit effects on poverty, employment, and rent in Cuyahoga County, Ohio[J]. Transport policy, 88: 33-41.

Pearl M, Ahern J, Hubbard A, et al., 2018. Life-course neighbourhood opportunity and racial-ethnic disparities in risk of preterm birth[J]. Paediatric and perinatal epidemiology, 32: 412-419.

Pereira M, Oliveira A M, 2020. Poverty and food insecurity may increase as the threat of COVID-19 spreads[J]. Public health nutrition, 23 (17) : 3236-3240.

Poverty I, Townsend P , Essex U O, 1971. The concept of poverty: working papers on methods of investigation and life-styles of the poor in different countries[M]. Heinemann Educational.

Quaife M, Van Zandvoort K, Gimma A, et al., 2020. The impact of COVID-19 control measures on social contacts and transmission in Kenyan informal settlements[J]. BMC medicine, 18 (1) : 316.

Raver C C, Blair C, Willoughby M, 2013. Poverty as a predictor of 4-year-olds' executive function: new perspectives on models of differential susceptibility[J]. Developmental psychology, 49: 292-304.

Sachs J, Kroll C, Lafortune G, et al., 2021. Sustainable development report 2021[M]. Cambridge: Cambridge University Press.

Saelim S, 2019. Carbon tax incidence on household demand: effects on welfare, income inequality and poverty incidence in Thailand[J]. Journal of cleaner production, 234: 521-533.

Salas C, Quintana L, Mendoza M Á, et al., 2020. Distribution of the labor income and poverty in Mexico during COVID-19 Pandemic. Scenarios and potential impacts[J]. El trimestre económico, 87 (348) : 929-962.

Salon D, Gulyani S, 2010. Mobility, poverty, and gender: travel "choices" of slum residents in Nairobi, Kenya[J]. Transport reviews, 30: 641-657.

Schultz T P, 2004. School subsidies for the poor: evaluating the Mexican progresa poverty program[J]. Journal of development economics, 74: 199-250.

Sen Amartya K, 1985. A sociological approach to the measurement of poverty: a reply to Professor Peter Townsend[J]. Oxford economic papers, 37 (4) : 669-676.

Sharaf M F, Rashad A S, 2018. Socioeconomic inequalities in infant mortality in Egypt: analyzing trends between 1995 and 2014[J]. Social indicators research, 137: 1185-1199.

Sirohi S, 2007. CDM: is it a "win-win" strategy for rural poverty alleviation in India[J]? Climatic change, 84: 91-110.

Suryahadi A, Al Izzati R, Suryadarma D, 2020. Estimating the impact of COVID-19 on poverty in Indonesia[J]. Bulletin of Indonesian economic studies, 56 (2) : 175-192.

Tang X, Liao H, 2014. Energy poverty and solid fuels use in rural China: analysis based on national population census[J]. Energy for sustainable development, 23: 122-129.

Tanumihardjo S A, Anderson C, Kalifer-Horwitz M, et al., 2007. Poverty, obesity, and malnutrition: an international perspective recognizing the paradox[J]. Journal of the American dietetic association, 107: 1966-1972.

Taylor-Robinson D, Lai E T C, Wickham S, et al., 2019. Assessing the impact of rising child poverty on the unprecedented rise in infant mortality in England, 2000—2017: time trend analysis[J]. BMJ open, 9: e029424.

Thiam D R, 2011. Renewable energy, poverty alleviation and developing nations: evidence from Senegal[J]. Journal of energy in Southern Africa, 22: 23-34.

Vogt-Schilb A, Walsh B, Feng K, et al., 2019. Cash transfers for pro-poor carbon taxes in Latin America and the Caribbean[J]. Nature sustainability, 2: 941-948.

Wahyuningsih T, Matdoan A, Saing Z, 2020. Infrastructure and leading commodity identification on poverty alleviation in Buru Regency, Indonesia[J]. The journal of Asian finance, economics and business, 7: 1205-1214.

Wickham S, Anwar E, Barr B, et al., 2016. Poverty and child health in the UK: using evidence for action[J]. Archives of disease in childhood, 101: 759-766.

Yang-Huang J, Van Grieken A, You Y, et al., 2021. Changes in family poverty status and child health[J]. Pediatrics, 147: e2020016717.

Yin X, Meng Z, Yi X, et al., 2021. Are "internet plus" tactics the key to poverty alleviation in China's rural ethnic minority areas? Empirical evidence from Sichuan Province[J]. Financial innovation, 7: 30.

Zhang G, Zhang N, 2020. The effect of China's pilot carbon emissions trading schemes on poverty alleviation: a quasi-natural experiment approach[J]. Journal of environmental management, 271: 110973.

Zhang H, 2014. The poverty trap of education: education-poverty connections in Western China[J]. International journal of educational development, 38: 47-58.

Zulu L C, Richardson R B, 2013. Charcoal, livelihoods, and poverty reduction: evidence from Sub-Saharan Africa[J]. Energy for sustainable development, 17: 127-137.

致　谢

在此，特别致谢世界银行中国、蒙古国和韩国局局长Martin Raiser，世界银行中国、蒙古国和韩国局人类发展部门负责人Ruslan Yemtsov，世界银行高级经济学家Maria Ana Lugo，国家乡村振兴局综合司、政策法规司以及北京师范大学中国扶贫研究院院长张琦教授等，对完善报告提出的宝贵意见和建议，使得报告在内容、结构等方面有了卓越提升。感谢世界银行驻华代表处对外事务高级主管李莉在报告征求意见中提供的协助。此外，本报告还向联合国开发计划署、联合国粮食及农业组织、国际农发基金、世界粮食计划署等国际组织和专家学者征求了意见，在此我们深表感谢！

图书在版编目（CIP）数据

国际减贫年度报告．2021／中国国际扶贫中心，中央财经大学编著．—北京：中国农业出版社，2022.9
ISBN 978-7-109-30015-6

Ⅰ.①国… Ⅱ.①中… ②中… Ⅲ.①贫困问题－研究报告－世界－2021 Ⅳ.①F113.9

中国版本图书馆CIP数据核字（2022）第171448号

审图号：GS（2021）7320号

GUOJI JIANPIN NIANDU BAOGAO 2021

中国农业出版社出版
地址：北京市朝阳区麦子店街18号楼
邮编：100125
责任编辑：肖　杨
版式设计：杜　然　　责任校对：沙凯霖　　责任印制：王　宏
印刷：北京通州皇家印刷厂
版次：2022年9月第1版
印次：2022年9月北京第1次印刷
发行：新华书店北京发行所
开本：700mm × 1000mm　1/16
印张：10.75
字数：200千字
定价：88.00元
